妖怪バイブル

ブレンダ・ローゼン 著
中谷 友紀子 訳

THE MYTHICAL CREATURES BIBLE

Brenda Rosen

幻想生物について
知りたかったことのすべて

ガイアブックスは
心と体を浄化し
地球を浄化するガイアを大切にして
出来るだけ化学物質を使わない
自然療法と環境経営の社会創りに努力していきます。

First published in Great Britain in 2008 by
Godsfield Press, a division of Octopus Publishing
Group Ltd
2–4 Heron Quays, London E14 4JP
www.octopusbooks.co.uk

目　次

PART 1

はじめに

幻想生物とは?

世界中の人々に語り継がれてきた伝説や民話や聖なる伝承のなかには、
たくさんの幻想生物が登場します。
太古の昔に焚火を囲んで語られた物語から、
現代人に喜びと恐怖を与える本や映画まで、人間の想像力は、
じつにさまざまな種類の獣や怪物、精霊や神々などの
不思議で恐ろしい生物たちをこの世に生み出してきました。

民話や伝説上の架空の生物のなかには、いくつかの伝承にまたがって登場するものがあります。たとえば、ドラゴンやその他の翼のある大蛇は、古代エジプトやバビロニア、インド、中国から、中世のヨーロッパやメソアメリカ(コロンブス到来以前にさまざまな文明が栄えた地域)まで、ほぼすべての文化に登場します。一方、地理的特色を反映したものもあり、たとえばマーメイドは、メラネシアから日本、イギリス諸島にいたるまで、さまざまな海洋民族の物語のなかに登場します。恐怖の巨人やゾンビ、ヴァンパイアなどは、古代から現代まで、世界中の民話のなかに出没してきました。

実在と空想

昔の旅人や冒険家や商人が土産話として持ちかえった話には、架空の生物がたくさん登場します。なかには、実在の動物におかしな解釈が加えられた例もあります。その一例がキャメロパードです。これは古代ローマで、ラクダ(キャメル)に似た体型と、豹(パード)のような斑点のある皮膚と、後方に曲がった2本の角をもつと描写された動物ですが、どうやらキリンを指しているようです。また、話し手が自分の評判を高めるために、話を誇張することもあります。たとえばヨーロッパの民話には、船乗りの語るセイレンや海の怪物の話や、猟師のあい

だに伝わる巨大狼や牡鹿の魔物の話が残されています。

多くの聖なる伝承のなかで、神々は獣の姿をとって現れます。古代エジプトでは、天の川の象徴であるハトホル女神は牝牛の頭をもち、冥界の神アヌビスはジャッカルの頭をもちます。また、天からの使者である聖獣もいます。有翼の天馬ブラークは、預言者ムハンマドを天界へと運びました。天地創造の物語にも、不思議な生物が数多く登場します。創世記には邪悪な蛇が登場し、アメリカ先住民の伝説には、大地を支える巨大な亀が存在します。このような創世神話では、しばしば英雄が超自然の怪物を退治します。たとえば、バビロニアの英雄マルドゥクは、怪物ティアマトの亡骸から天と地を生み出しました。

ペルシアのドラゴン

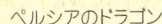

幻想生物を知るということ

本書に紹介する生物の大半は、幾世代にもわたる
わたしたちの祖先の経験から生み出されたものです。
昔の人々を喜ばせ、恐怖させた存在について知ることで、
自分が属している人類について、より理解を深めることができます。
さらに幻想生物の多くは、
個々の国や文化の世界観も反映しています。

しかし、本書の生物たちを過去の歴史とだけ結びつけて考えるのは誤りです。現代のファンタジー小説や漫画本、ロールプレイング・ゲーム、テレビ番組、娯楽映画などに続々と登場する不思議な生物たちの多くは、伝統的な神話や民話に出てくる生物をモデルにしているのです。本書の生物を知ることで、これらの現代の神話のルーツがわかり、芸術作品や、小説や、さまざまなプロジェクトに取り組むうえでのヒントを得られることでしょう。

自然の反映

さらに、驚くほど多様な幻想生物が存在することは、自然の豊かさの表れでもあります。現代では、どの大陸においても生物種や固有の文化が絶滅の危機に瀕しています。世界中の文化が生み出した種々の幻想生物を知ることによって、自然界とのつながりを強め、生物多様性や豊かな生態系の未来について、関心を高めることができます。

また幻想生物は、自分自身を理解する助けにもなります。空想上の生物は、しばしば人間の本性の象徴として現れます。人間には神聖な性質もあれば、自らが嫌い、恐れる陰の部分もあります。そのため、空想の生物は夢想のなかに現れ、悪夢となって出没し、内なる世界からのメッセージを伝

ユニコーン

えるのです。この本はそれらが象徴するものを理解し、解釈する助けとなり、新たな洞察の窓を開くでしょう。

最後に、あらゆる文化に語り継がれる神々や、半神や、精霊や、超自然の存在について知ることにより、不思議なものに感嘆する感性が刺激され、信仰心が深められます。王子に変身するカエルの話のように、おとぎ話は心と体の変身願望をかきたてるのです。

民話、伝説、神話

本書に紹介する生物の多くは、世界中の民話や伝説や神話に基づいています。
多くの場合、このような伝承は、自然界や霊界を理解し、
説明しようとする昔の人々の試みから生まれたものです。
たいていは文字に記される前から口承の形で存在していました。

民　話

民話は、文字通り民衆によって語り継がれた物語です。世界中の文化の民話には、擬人化された動物やその他の生物が登場します。なかには、のろまでも着実なカメが、敏捷で自信過剰なウサギを負かす寓話など、道徳を説く話も見られます。民話の一種であるおとぎ話の多くには、妖精やトロル、魔女、巨人、エルフや、言葉を話す動物などの幻想生物が登場します。

伝　説

伝説とは、「史実らしきもの」として伝えられた伝承で、しばしば奇跡的な出来事や超自然の存在が登場します。アーサー王と騎

盤古

士たちにまつわる伝説のひとつには、頭と首が大蛇で、体が豹、尻がライオン、脚が鹿である「クエスティング・ビースト(吠える獣)」を狩る話があります。英雄の偉業を讃えるものも多く、たとえばヘラクレスは、たくさんの頭をもつ大海蛇ヒュドラなどの怪物たちを退治しました。

ヒュドラ

神　話

神や半神を主人公にした物語が神話です。伝承のなかでも、もっとも明白に「宗教的な」性格をもち、たいていその文化の世界観や信仰と強く結びついています。神話は宇宙の起源を説明することもあります。中国の盤古は、天と地を引き離した巨人です。また、壮大な戦いを物語ることもあります。サンスクリット語で書かれた古代インドの叙事詩『ラーマーヤナ』には、魔王ラーヴァナと戦う英雄ラーマと猿の軍勢の姿が描かれます。さらに、伝統の起源を明らかにすることもあります。アステカ文明の暦は、メソアメリカの神話に登場する大蛇ケツァルコアトルによって発明されたといわれています。

聖と魔の存在

ここで扱う幻想生物の多くが、超自然の力や魔力をもっています。
普通の人間よりも強力ですが、
世界の宗教で信仰される最高神の力には劣るため
しばしば宗教と民間信仰のあいだの溝を埋める役を果たします。
慈悲深いものもいれば、いたずら好きなものも、
明らかな悪意をもつものもいます。これらはどれも、それを語る
人間自身の思考や心について、重要なことを物語っているのです。

自然界の諸要素

聖と魔の生物をおおまかに分類すると、ひとつめのグループに入るのは、自然界の諸要素を象徴し、支配する存在です。ギリシア神話では、樹木や森はそれぞれドリュアスと呼ばれる女のニンフに守られています。メソアメリカの信仰では、風や雨や雷などの農耕にとって重要な存在が神として崇拝されました。エジプト神話の豊穣と出産の女神ヘケトは、カエルの頭をもちますが、これは毎年、ナイル川の氾濫後に何百万ものカエルが生まれる現象にちなんだものでしょう。日本には、地震は「地震虫」と

ボガート

いう龍の頭をもつカブト虫が地中で蠢くために起きる、という民間信仰があります。

厄介なものたち

もうひとつのグループは、厄介で有害な存在です。バリ神話の子供を喰らう魔女ランダのように、邪悪な力が擬人化されたものもいます。また、巨人や怪物もいます。人間に似た姿のオーグルやゴルゴン、ゾンビもいれば、動物の姿のものもいます。たとえば、ベルギー民話の怪物クルッドは変身能力をもち、革のような翼が生えた巨大な黒犬に化けるほか、コウモリやカラスや猫に変身することもあります。このほか、家に棲みついて鍵を隠したりするイギリスのボガートなどの霊や、アメリカ先住民族に伝わるコヨーテなどのトリックスターも、やっかいでいたずら好きな存在です。これらは、いたずらによって日常の秩序を乱し、人々に新しい考え方をもたらす働きもします。

木のニンフ

古代の文献

現代に比べ、
古代ギリシアやローマでは霊界と物質界の境界があいまいでした。
神と人間は似ていて、動物や植物に近い存在でもありました。
そしてそれらが合体したり、変身したりすることは、
めずらしいことではなかったのです。

複雑に絡み合った物語のなかで、最高神ゼウスは牡牛に変身して人間の女をさらい、牛頭人身の怪物ミノタウロスはクレタ島の迷宮に幽閉され、半神半人のギリシアの英雄ヘラクレスは、12の功業のひとつとして土地を荒らしまわるライオンを絞め殺すのです。

アリストテレスの遺産

ギリシアの哲学者アリストテレス(紀元前384〜322年)は、初の博物学者であるとされ、生物種の分類の研究に尽力しました。精緻な観察眼をもち、500以上もの生物種について解説し、分類し、それらを階層づけました。たとえば、イルカが胎生であることに最初に着目し、魚類ではなく陸上動物と同じ哺乳類に正しく分類したのです。注意力に欠ける学者たちは、しばしば空想上の架空動物まで動物学の対象に加えましたが、それでもアリストテレスが確立した自然界の説明の手法は、彼らの研究に大きく貢献しました。

ヘロドトスの記述

優れた観察で知られるもうひとりのギリシア人学者は、歴史の父と呼ばれるヘロドトス(紀元前484〜425年頃)です。ギリシアや小アジア全域のみならず、ペルシアやバビロニア、パレスチナ、エジプトへも精力的に旅し、知識を収集して偉大な著書『歴

ミノタウロスを
退治するテセウス

バジリスク

史』を著しました。土地や出来事の記述に加え、自然界の知識も盛りこまれ、そのなかには多くの架空動物の記述も含まれていました。ナイル川のワニなど、ヘロドトスが直接目にしたものもあれば、ヘリオポリスのフェニックスやアラビアの空飛ぶ蛇のように、噂を聞いただけのものもあります。実在のものとありえない存在を混同していると批判されることはありますが、ヘロドトスは旅のあいだに見聞きした事物をありのままに報告するという手法をとり、どの程度までそれを信じるかを読み手にゆだねているのです。

プリニウスの功績

精緻さの点でやや劣るものの、ふたりの先達の偉業を活かしたのは、ローマの自然哲学者プリニウス（23～79年）です。偉大な著書『博物誌』は、膨大な古代の知識を集めた百科事典です。アリストテレスなど

キャクストン版『イソップ物語』の挿絵（1484年）

100名を超える過去の学者の研究を参照した彼の著作は、科学と誇張とおとぎ話をミックスした興味深い書物です。このような混同があるにもかかわらず（あるいは、それだからこそ）、プリニウスの著書は自然界に関する古代の知識を知るうえで、基礎的な文献となりました。たとえば、陸上動物を扱った第8巻には、ワニやラクダやカバに加え、マンティコアやバジリスク、ワーウルフなどの伝説上の動物も掲載されています。

イソップ物語

ギリシアやローマの物語集も、幻想生物に関する知識の宝庫です。ギリシアの奴隷で物語作家のイソップ（アイソポス・紀元前6世紀半ば）は、擬人化された動物たちが登場する短編寓話集の作者であるとされています。イギリスで初めて本の印刷・出版を行ったウイリアム・キャクストンは、1484年に『イソップ物語』を出版しました。中国には、当初ベルギー人のイエズス会宣教師によって口承の形で伝えられ、1625年には初めて中国語に翻訳されました。今日、勤勉なアリと怠惰なキリギリスや、町のネズミと田舎のネズミや、羊の皮を着た狼など、イソップ物語の動物たちは世界中で知られています。

オウィディウスの物語

ローマ・ギリシアの神話を集めた『変身物語』は、ローマの詩人オウィディウス（紀元前43～後17年）によるもので、もっとも影響力のある古典作品のひとつです。オウィディウスの変身譚には、架空の生物が数多く登場し、神や人間が、蜘蛛や熊、牡牛、鳥、狼などに変身します。

文明の叙事詩

それぞれの文明に伝わる叙事詩も、幻想生物の貴重な宝庫です。
叙事詩はひとりまたは何人かの英雄的存在の生涯や出来事を
物語ったものです。多くが詩的な格調高い文章で綴られ、
いくつもの絡み合った物語から成り立っていますが、
初期の叙事詩は文字ではなく口承や歌の形式をとったものでした。

著者がわかっている叙事詩もありますが、ほとんどのものが過去の神話的な口承を基にしており、なかには成立から何世紀ものあいだ文字に記されなかったものもあります。叙事詩は、特定の国や民族や宗教の集団の精神を表現し、その集団の起源や歴史に関する重要な事柄を物語ります。

叙事詩の英雄は、多くの場合、超人的な存在で、伝説に残る勇猛果敢な功業をなします。叙事詩の舞台は広大で、ときにはその時代の全世界にわたり、さらには、天国や地獄の領域にまで及ぶこともあります。超自然の存在が多く登場する叙事詩は、幻想生物についての知識を授けてくれる貴重な文献です。神や天使や怪物が物語に関係し、しばしば重要な役割を果たします。

古代の叙事詩

最古の叙事詩とされる『ギルガメシュ叙事詩』の起源は、紀元前3千年紀にまで遡ることができます。ギルガメシュは古代シュメールの王でした。その偉業は、紀元前7世紀のアッシリア王の図書館に保存されていた12の粘土板に、もっとも完全な形で記録されています。そのなかには、ギルガメシュとその仲間が、神の住む杉の森の番をする巨大怪物フンババと戦うエピソードがあります。フンババはライオンの四肢と、鷲のような鉤爪、牛の角、先端に蛇の頭がついた尾をもつ怪物です。これは複数の動物か

フンババ

ハヌマーン

らなる混成獣の元型となり、その後に登場する多くの架空の怪物に影響を与えました。

インドの叙事詩

ヒンドゥー文明にも、影響力の大きな古い叙事詩が残っています。『ラーマーヤナ』はヴァールミーキの作とされ、紀元前4世紀から2世紀頃に成立したといわれます。古代のヒンドゥー教の賢人の教えが物語の形で伝えられたものです。主人公はラーマ(ヴィシュヌ神の化身)であり、その妻シーター(女神ラクシュミの化身)がラーヴァナにさらわれます。ラーヴァナは、ラークシャサという人食い鬼で、10の頭と20の腕をもちます。壮絶な戦いののち、ラーマは猿族ヴァナラの将軍ハヌマーン(シヴァ神の化身)の助けを借りてシーターを救出します。後世の叙事詩と同じように、ここにも有益な幻想生物と邪悪な幻想生物が登場します。

重要な古代の叙事詩には、ほかにもバビロニアの創世叙事詩『エヌマ・エリシュ』や、ギリシアのホメロスによる『オデュッセイア』や、ロードス島のペイサンドロス作とされる失われた叙事詩『ヘラクレスの功業』などがありますが、そこに登場する幻想生物については後述します。

中世の叙事詩

アングロサクソンや北欧やゲルマンの叙事詩も、多くの有名な幻想生物を生み出しています。もっとも古い『ベオウルフ』は、ブリテン島のイースト・アングリア地方で700年から750年のあいだに成立しました。物語のなかで、イェーアト族(北ゲルマン民族)の英雄ベオウルフは、強大な敵である3匹の幻想生物と戦います。沼に棲む怪物グレンデルと、さらに恐ろしいその母親、そしてのちに戦うドラゴンです。この最後の死闘で受けた傷によってベオウルフは命を落とします。

ドラゴンや魔物たちは、北欧やゲルマンの神話にも登場します。たとえば、古い北欧伝説を集めた13世紀アイスランドの『エッダ』・『ヴォルスンガ・サガ』や、12世紀のゲルマン叙事詩『ニーベルンゲンの歌』などがあげられます。絡み合ったこれらの物語のなかで、ドワーフやエルフ、巨人、巨大なフェンリル狼や大海蛇のヨルムンガンドなどの幻獣たちが、多くの神々や女神たちとともに重要な役割を果たしています。

ヨルムンガンド

動物寓意集

12世紀のイギリスやフランスで流行した動物寓意集は、
さまざまな実在・架空の動物たちが描かれた挿絵入りの書物です。
ふつう、それぞれの動物には教訓が添えられていました。
ヨーロッパの多くの教会には、寓意集の動物の彫刻が施され、聖職者たちは
しばしば神学上の概念を説明するため、説教に動物たちを登場させました。
たとえば、フェニックスは自らの遺灰の中から3日目に再生することから、
しばしばキリストの復活のたとえに用いられました。

ギリシアの文献

中世の動物寓意集の多くは、2世紀頃に無名の作家によってギリシア語で記された『フィシオロゴス』という書物に基づいて製作されました。実在・架空の動物や鳥などの生物たちが描写されたその書物は、大図書館があることで知られたアレクサンドリアで成立したもので、アリストテレスやヘロドトスやプリニウスなどの多くの先達の著作を引用しています。

著者は、動物の説明を「フィシオロゴスが言うには」というフレーズで始めています。フィシオロゴスとは、博物学者を意味しますが、のちに著者の名前であると誤解されます。中世のギリシア語やラテン語の書物の多くが『フィシオロゴス』に触れていることから、この本が広く知られていたことがわかります。400年頃にラテン語に翻訳され、その後1000年にわたって西ヨーロッパのほぼすべての言語に翻訳され、多くの動物寓意集を生みました。

獣が描かれた動物寓意集

もっとも有名な例は、『アバディーン動物寓意集』でしょう。これは美しく飾彩された書物で、古くは、1542年にチューダー朝の

『アバディーン動物寓意集』に描かれたアムフィスバエナ

ヘンリー8世の図書館に保管されていたと記録されています。研究者によれば、豪奢な挿絵はひとりの画家によって描かれたもので、12世紀頃の裕福なパトロンの注文で製作されたと考えられています。それぞれの挿絵は、光沢のある金色の下地に描かれ、縁がつけられています。色彩は赤と青を強調した鮮やかで大胆なもので、添えられた文章は、凝った飾りのついた頭文字で始まっています。

紋章の動物

紋章が用いられるようになった時代は、動物寓意集の流行期と重なったため、
紋章盾のチャージ（中央のシールド上に配置される図）や
サポーター（シールドを支えるように両脇に配置される図）の部分には、
多くの幻想生物が採用されました。

紋章を身につける習慣は、12世紀のヨーロッパで、戦場において兜で顔が隠れた兵士が、敵と味方を見分けるために始められました。やがて紋章は文書の封蝋や、一族の墓の彫刻や、窓のステンドグラスや、旗などの装飾にも取り入れられていきました。

グリフィン

動物のシンボル

紋章に用いるものとして、実在の動物のなかでいちばん人気の高いものは、ライオンと鷲です。ライオンは左の後脚で立ち上がった猛々しい姿で描かれることが多く、紋章の持ち主の不滅の勇気を象徴しています。鷲はほとんどの場合翼を広げた姿で描かれ、持ち主が行動力と才能に恵まれ、気高い精神と、すばやい理解力と、優れた判断力をもつことを示しています。猪や豹や熊は武勇を象徴します。幻想動物のなかでは、ユニコーンやグリフィンやドラゴンがとくに人気です。右の表にそれぞれの意味を示してあります。

紋章の動物とその意味

幻想動物	紋章における描かれ方	意　味
ユニコーン	頭と体は馬、尾はライオン、 脚は牡鹿、額に角が1本	究極の勇気、徳、強靭さ
グリフィン	ライオンの体に、鷲のような 頭と翼と鉤爪	死をも恐れぬ勇猛さ
ドラゴン	鱗と先の割れた舌をもつ 巨大な爬虫類で、 鷲の足先、コウモリの翼、 とげのある尾をもつ	力、庇護、叡知
コカトリス	黄色い体にドラゴンの翼、 頭と首と脚は雄鶏	見る者に恐怖をもたらす
スフィンクス	ライオンの体に、翼と人間の顔	全知、秘密
ペガサス	翼のある馬	天賦の才、霊感
ハルピュイア	ライオンの体に、 女性の顔と首と胸	怒ると獰猛
マーメイド	上半身は女性、下半身は魚	雄弁
ケンタウロス	馬の体に、男性の頭と上半身	傑出した戦闘能力
ヒュドラ	9つの頭をもつドラゴン	強大な敵の征服
フェニックス	炎のなかから生まれる鷲	長寿、致命傷からの 奇跡的復活

旅人の見聞録

はるか昔の冒険家や旅人の体験談も、幻想生物に関する知識の源です。
冒険家たちがアジアやインド亜大陸へ旅したことにより、
すでに膨大だった実在・架空の動物たちの殿堂に、
さらに多くの新奇な生物が加えられました。

マルコ・ポーロ

ヴェネツィア商人の家に生まれたマルコ・ポーロ（1254〜1324年）は、シルクロードを通って中国へと旅した最初のヨーロッパ人のひとりです。彼は24年にもわたってアジアを旅しました。1295年にヴェネツィアに戻ると、精力的に執筆にたずさわり、『イル・ミリオーネ（東方見聞録）』と題した冒険記を著しました。この題名は一族の別称のエミリオーネに由来するとされますが、この本に含まれた「100万の嘘」を示していると考える人もいます。この本には、空中から象を落としてその死骸を貪る怪鳥や、アレクサンドロス大王の愛馬ブケパロスの血を引く、ユニコーンに似た馬などの生物が登場します。

サー・ジョン・マンデヴィル

サー・ジョン・マンデヴィルとは、アングロ・フランス語で旅行記を書いたイギリス人騎士の名前だとされています。この旅行記は1357年から1371年のあいだに出版されました。中世後期にもっとも人気を集めた書物のひとつで、多くの言語に翻訳されました。おとぎ話のような内容にもかかわらず、クリストファー・コロンブスをはじめ、他の冒険家たちの参考書となりました。

ここには、人身犬頭の生物が棲む島々についての記述が見られます。キュノケファルス（102〜103ページ参照）というこの生物は、会話をする社交的な動物で、王は首に巨大なルビーを下げています。マルコ・ポーロもキュノケファルスについて触れ、セイ

『東方見聞録』の挿絵（1412年頃）

ロンの東にある島に棲むと記しています。また、リンゴの香りだけを食べて生きる一族や、ピグミーほどの身長で、口が小さいために食べ物を葦のストローで吸って生きる一族も登場します。インドでは、枝の先に小さな子羊が生えた綿の木を見たとも記しています。その近くの国では、双頭の雁や牡牛ほどの大きさの白いライオンを目撃しました。バカリアでは、上半身が鷲で下半身がライオンのグリフィンと出会いました。これは大変力が強く、鋤につながれた2頭の牡牛をさらって飛び、巣に運んで食べるといいます。

占星術の生物

「ゾディアック(黄道十二宮)」という言葉はギリシア語に由来するもので、「動物の円」を意味します。古代の人々は、空の星々を固定された背景——動物の星座からなる球帯——ととらえ、太陽がそこを通って地球のまわりを回ると考えました。

黄道十二宮の神話

太陽や月やこの球帯に属する惑星の配置に従って未来を予測する方法は、紀元前3000年紀のメソポタミアで始まったと考える歴史家もいます。シュメールやバビロニアやアッシリアの神官たちは、星座や惑星を神々と結びつけました。バビロニアでは、木星はバビロンの町の守護神であるマルドゥク神とされ、金星は豊穣と性愛と戦いの女神イシュタルであるとされました。神官たちは、天体の配置と、飢饉や戦争などの出来事のあいだに関連性があることが、神々の意志が働いている証であると説きました。

紀元前2000年紀になると、ギリシアとエジプトの大文明が占星術の手法をさらに発達させ、独自の神話と十二宮の星座を組み合わせていきました。このため、十二宮の星座に結びつけられた神話は、さまざまな起源をもつものとなっています。

星座の起源

おひつじ座はエジプトの伝承から十二宮に加わりました。おうし座はバビロニアの伝承に由来するもので、バビロニアではマルドゥクは牡牛神とされました。ギリシアではエウロペの物語と牡牛を結びつけました。フェニキアの姫エウロペは、最高神ゼウスにさらわれます。ゼウスは巨大な白い牡牛に変身し、海を渡ってクレタ島へとエウロペを運びました。やぎ座のカプリコーンは、魚の尾をもつ山羊で、これもバビロニアから来ました。バビロニアのエア神は「魚山羊」の神とも呼ばれ、魚の頭と尾のついた鱗の衣をまとった姿で描かれます。ギリシアでは、いて座は半人半馬のケンタウロス族のケイロンが弓を引く姿で表されます。賢明で寛容なケイロンは、狩猟や音楽や予言の知識を授けます。

カプリコーン

中国の十二支

歴史家によれば、中国の占星術は、
バビロニアやギリシアのものとは別に発達したとされます。
どちらのシステムも時を12分割し、それぞれに神話のなかの
動物を当てはめますが、中国では十二支の動物は、
12ヵ月ではなく12年を1周期として割り当てられています。

中国では、占星術に動物が取り入れられたのはやや後代のことのようであり、チベットやモンゴルのシャーマン文化から伝播したものが、中国古来の暦法である十二支と組み合わせられたともいわれます。十二支にそれぞれ動物が割り当てられることで、年が覚えやすくなっています。

中国の十二支は、星座ではなくおもに期間を示すものです。十二支のなかで天界の動物は辰（青龍）のみで、これは晩春に東の空にのぼる星座です。龍は中国皇帝の権威の象徴であり、幸運と富を表します。中国の神話では、龍の口からは真珠が生まれ、足の下には金貨があるといわれています。

その他の十二支の動物たちは、架空ではなく実在のものですが、それぞれ人間のような性格を帯びています。たとえば、賢いネズミは猫をだまして、玉皇大帝が十二支を選ぶ宴の日を1日遅く教え、遅刻させます。そしてまんまと十二支最初の動物の座におさまりました。遅れをとって12の年のどこにも選ばれなかった猫は、永遠にネズミを敵とすることを誓います。西洋占星術では、幻想動物は星座の特徴を表しますが、中国の十二支の動物たちは、割り当てられた支の性質を象徴する役割を果たしています。たとえば、十二支最後の亥は、その満ち足りた姿によって、完成や充足といった概念をみごとに象徴しています。

中国の十二支

映画や文学のなかの幻想生物

現代の大衆文化のなかで幻想生物は、
かつてないほどに中心的な存在となっています。
過去の民話や神話に題材をとった文芸作品や漫画、テレビの娯楽番組や、
超大作映画などが、世界中の人々を喜ばせ、震え上がらせています。

スーパーヒーロー

超人的な能力をもつ男性や女性の物語は、はるか昔から存在してきました。強靭な肉体や、鋭敏な感覚、飛翔能力、そして魔法のような変身術。メソポタミアのギルガメシュや、ギリシアのヘラクレスやオデュッセウス、中国の八仙や孫悟空など、これらの能力をもった神話のスーパーヒーローたちは、何千年ものあいだ人々を魅力してきたのです。

孫悟空

漫画のヒーローたち

現代では、アメリカの漫画やテレビや映画のスーパーヒーローたち（スーパーマンやスパイダーマン）が、憧れと模倣の対象となり、他の文化のヒーロー像にも影響を与えています。日本のアニメ（日本発のアニメーション）のヒーローたち

は、魔力を操り、最先端の武器や戦闘術を駆使して、異星や異次元から来た敵と戦います。フィリピンの『ダルナ』は、漫画やテレビドラマ、映画にもなっている人気の長寿シリーズで、村の少女が宇宙から来た小石を飲み込み、強力な戦士ダルナに変身します。ダルナは空を飛び、強靱で、敏捷なうえ、テレパシー能力も備えています。夢中になるのは子供だけではありません。このような強力なキャラクターは、現実逃避させてくれる娯楽として、現実の問題に直面してくじけそうになっている大人たちにも人気なのです。

怪　物

怪物の物語も、現実逃避にはもってこいです。怪物が興味深いのは、グロテスクで人間離れしているからではありません。あまりにも人間らしく、私たちが自分のなかに内在すると知りつつも、否定しがちな性質を、体現しているからなのです。

メアリー・シェリーの『フランケンシュタイン』に登場する怪物は、友情や理解を渇望しますが、あまりに醜いため、自分を創造した主人にまで忌み嫌われます。いくつも

フランケンシュタインの怪物

の映画に登場したこの怪物は、観客を恐怖させますが、拒絶されて傷ついた経験のある人ならば、その怒りと苦しみに共感できるでしょう。巨大ゴリラのキングコングもまた、別の意味で観客の心を打ちます。怪物と美しいアン・ダロウ（オリジナル版ではフェイ・レイが演じた）の微笑ましいラブシーンは、おとぎ話の典型である『美女と野獣』に題材をとったもので、変身さえ可能にしてしまうような、愛のもつ不思議な力を描いています。スペースオペラの悪役、たとえば『スターウォーズ』のダース・ヴェイダーは、狂ったテクノロジーに対する現代的な恐怖と、邪悪に染まることに対する昔ながらの恐怖とを、併せもった存在です。ヴェイダーの苦しげな息は、呼吸する者なら誰もがダークサイドの誘惑に負けうるということを告げているのです。

現代の魔法

現代の2大ファンタジー小説も、深く神話と結びついています。J・R・R・トールキンの『指輪物語』3部作（1954～1955年）は、20世紀文学のなかで最高に人気ある作品のひとつとなりました。トールキンの壮大な世界は、特殊効果を駆使した素晴らしい映像によって3本の叙事詩的映画に仕立てられ、そのどれもが空前絶後の成功を収めました。

中つ国という架空の世界を舞台としたトールキンの作品は、北欧やゲルマンの神話から大きな影響を受けています。エルフやドワーフ、さらに「ギムリ」という名前は北欧を起源とします。魔法使いガンダルフはゲルマンの神オーディンを思わせます。オーディンは「さすらうもの」とも呼ばれ、しばしば長い白ひげを生やし、杖をもった姿で描かれます。作中に登場する魔法の指輪や折れた剣は、北欧の『ヴォルスンガ・サガ』やゲルマンの『ニーベルンゲンの歌』などの叙事詩に基づいています。

全世界に旋風を巻き起こしたもうひとつの作品は、ティーンエイジャーの魔法使いが登場するJ・K・ローリングの『ハリー・ポッター』シリーズ（全7巻、1997～2007年）です。小説にも映画版にも、神話に登場する実在・架空の生き物たちがたくさん顔を出します。ドラゴンやヒッポグリフ、ユニコーン、ケンタウロス、そして危険なバジリスク。ハリーはこのバジリスクを、フェニックスの力を借りて退治します。

キングコング

未確認動物学

未確認動物学とは、目撃情報や言い伝えが残されているものの、存在が明確に確認されていない謎の生物を扱う研究です。未確認動物学は、科学的研究だけでなく、歴史や人類学、神話、民話にも基づき、さまざまな伝説や神話上の生物が存在する証拠を探求します。

ビッグフット

マルコ・ポーロなどの昔の旅人や冒険家たちの体験記が作り話とされるように、伝説上の生物の目撃証言は、多くの場合信用されません。しかし、それらの目撃談のなかには、確実とはいえないまでも、信憑性がありそうなものもあります。たとえば、この40年のあいだに寄せられたビッグフット（サスカッチとも）の目撃証言は、3,000件を超えています。これは巨大な類人猿のような生物で、おもにアメリカ太平洋岸の北西部で目撃されています（41ページ参照）。さらに、未確認動物学者たちの指摘するとおり、カモノハシやマウンテンゴリラ、コモドドラゴンなどといった新奇な動物たちの目撃談は、最初のうちはでまかせだとされたものの、後に事実であると確認されています。

巨大イカ

そのいい例が、巨大イカです。古代より、船乗りたちのあいだでは、多くの腕をもち、船を沈めるほど巨大な海の怪物の話が語り継がれてきました。ギリシア神話でオデュッセウスの船を襲ったスキュラや、スカンジナヴィアに伝わる浮島ほどの大きさのクラーケンなどは、その当時の巨大イカのことを述べたものだと考えられます。19世紀半ば、この生物が実在するという証拠が現れました。1861年にフランスの砲艦アレクトン号が、巨大イカの体の一部を捕らえた

クラーケン

のです。その後数十年にわたり、ニューファンドランドを中心に、他の個体がいくつか漂着しました。しかし、2004年になって初めて、日本の調査チームが海中での生きた巨大イカの写真撮影に成功したのです。

ほかにも、1976年に発見されたメガマウス・シャークなど、最近になって伝説上の生物の存在が確認されていることから、未確認動物学者たちは、ほかにもたくさんの幻想生物が、衛星写真などの技術によって、今後も発見されるものと期待しています。

イエティ、ネッシー、ビッグフット

これら3つの有名な生き物は、何世紀にもわたって
未確認動物学者たちの想像をかきたて、注目を集めてきました。
現在のところ、その存在を証明する確固たる証拠は見つかっていません。
しかし証拠はなくとも、これらの幻想生物はメディアや
大衆文化に登場しつづけています。

アボミナブル・スノーマン（雪男）

チベットやネパールやブータンのヒマラヤ山脈にも、類人猿に似た生物が棲むとされ、イエティ（アボミナブル・スノーマン、雪男）と呼ばれています。この生き物の証拠を発見した最初の西洋人は、チャールズ・ハワード＝ベリーで、1921年に英国王立地理学協会のエヴェレスト探検隊を率いた人物です。彼は高山の雪道で、裸足の人間のもののような足跡を発見しました。インドの新聞記者が、その生物のチベット語の名前を誤訳し、「アボミナブル・スノーマン（忌まわしい雪男）」と呼びました。そのほかにも、この地を訪れた登山家や旅行者が似たような目撃証言をし、足跡の写真さえ撮影しましたが、いまのところその存在は確認されていません。

ネス湖の怪物

同じくらい有名なのが、スコットランドのネス湖に棲むといわれる体長約9mの蛇に似た生物、ネッシーです。これを先史時代のプレシオサウルスだと考える人もいます。また、ケルト神話に登場するケルピーの一種だという人もいます。ケルピーは、湖のなかから現れ、馬に変身して疲れた旅人を背中に乗せ、湖のなかに引きずり込んで食べるといわれています。ネッシーの存在を証明する確固とした証拠はないにもかかわらず、その姿をひと目見ようと、バスに乗り込んだ大勢の観光客たちが湖を訪れます。2007年の『ウォーター・ホース』という人気映画によって、ネス湖の伝説はさらに広く知られることになりました。その

映画では、ひとりの少年が卵を見つけ、生まれた生物を浴槽で育て、やがてネス湖に放します。

北米の巨人

未確認動物学者たちが追い求めるもっとも有名な生物のひとつが、ビッグフット(サスカッチとも、38ページ参照)です。直立した類人猿に似ていて、体長は2〜3m、濃い茶色か赤い色の毛皮に覆われているといわれます。1860年代以降、ワシントン州やオレゴン州、カナダのブリティッシュ・コロンビア州で目撃されています。「ビッグフット」という名前は、1958年にカリフォルニア州フンボルト郡で道路作業員が発見したという巨大な足跡からとられたものです。多くの科学者はビッグフットの実在を疑っていますが、実在を主張する高名な研究者も少なくありません。

ビッグフット

本書の使い方

本書に紹介する生物は、
古代から現代までの世界中の文明から集められています。
陸、海、空、そして奔放な空想のなかに暮らす生物たちを、
以下のパートに分類して紹介します。

空想上の動物

Part2では、空想上の動物たちを紹介します。まずは、もっとも有名な幻想生物であるドラゴンとユニコーンを取り上げます。陸の生物の項では、なじみのある牛や猪や蛇に加え、複数の動物からなる混成生物を扱います。また、未確認動物学の対象となるような各地の伝説の生物を紹介します。水辺の生物の項では、マーメイドやその他の人魚に加え、架空の魚や大海蛇が登場します。空の生物としては、有名なフェニックスや、架空の虫たちを扱います。文明間や時代間での比較がしやすいように、共通性のある生物を同じグループにまとめています。

暗黒の世界に棲むものたち

Part3では、暗黒の世界を訪れ、ワーウルフやヴァンパイアや巨人などの世界各地の怪物たちについて述べます。民話や地方の

火の鳥

伝説に基づいたものもあれば、神話や古代文学に由来するものもあります。ここでの記述を読みながら、これらの恐怖の生物がどのような人間の本質を体現しているのかを考え、何世紀ものあいだ人々が彼らを恐れてきた理由を探ってみてください。

稲荷

自然界の精霊と聖なるものたち

Part4（自然界の精霊）では、妖精やエルフ、ドワーフなどの、伝承のなかの存在を扱います。最後にPart5（聖なるものたち）では、各地に伝わる獣頭の神や、動物に似た神を取り上げます。古代エジプトから、近東の古代文明、古代ギリシアやローマの神々をはじめ、インドやチベット、タイ、インドネシア、中国、日本の仏教やヒンドゥー教の神々、さらにはアステカやマヤやその他のアメリカ先住民族の神や女神を紹介します。これらの超自然の存在にまつわる逸話は、世界中の聖なる物語のなかでもきわめて古いものばかりですが、そのテーマには、スピリチュアルな意味での普遍性があります。

PART 2

空想上の動物

驚異の生物たち

誰しも、子供の頃に訪れた動物園の記憶は忘れないものです。とくに、ごく幼い頃は、見たことのない生物に出会うことは冒険そのものでした。それはまるで、氷だらけの北極や、緑のジャングル、広大な砂漠など、新奇な世界へと旅するようなものでした。そこには、斑点や縞模様がある動物や、長い鼻や割れた舌が生えた生き物たちが待っています。さえずったり、歌ったり、飛んだり、這いずったりするものもいます。動物たちの説明を聞きながら、その目をじっと見つめていると、喜びや恐怖を感じたものです。

獏

このパートでは、幻想動物園を旅します。なかには、不思議ではあっても、なじみのある生物もいるでしょう。たとえば、ドラゴンやユニコーン、伝説の鳥フェニックスや危険なミノタウロスなどです。一方、まったく未知の生物もいるでしょう。メキシコのアステカ文明に伝えられたアウィツォトルは、つるりとした黒い体で、尾の先には人間の手がついています。日本に伝わる親切な獏は、呼ばれると現れ、悪夢を食べてくれます。

これらの多くには、逸話や伝説や神話が残されています。それぞれの話は複雑に絡み合い、自分の尾を咬むウロボロスのように永遠の円環を描いています。ギリシア神話の英雄で、ペガサスに乗ったのは誰でしょう。恐ろしい蛇の髪をもつメドゥーサを殺したペルセウスでしょうか、それとも3つの頭をもつ恐怖のキマイラを殺したベレロポンでしょうか。また、ほかの土地の神々や英雄たちは、どんな架空の馬に乗ったのでしょうか。たとえば、ブラークは、イスラム教の預言者を乗せて天国や地獄へと運びました。北欧神話の最高神オーディンを乗せたのは、8本の脚をもつスレイプニルでした。

このような共通性を楽しむことができるように、このパートの動物たちは、タイプ別に分類してあります。最初は陸上の生物です。世界中のドラゴンやユニコーンにはじまり、牛や猪、羊、蛇、混成生物、さらに伝説上の動物たちを紹介します。次に水中へと潜り、マーメイドや海の生物と出会います。そして最後に、世界中の神話や民話に登場する鳥たちと一緒に空へ舞い上がり、虫たちとたわむれてください。

ブラーク

ドラゴン

ドラゴンは、おそらくもっともよく知られた幻獣でしょう。
世界中の文化の神話や民話のなかに、さまざまな姿で現れます。
「ドラゴン」という名前は、「見る」ことを意味する古代ギリシア語の
"drakonta"に由来しています。

ギリシアとローマのドラゴン

近東世界の影響を受けたともいわれる初期のギリシア神話では、ドラゴンはヘスペリデスの園を守る存在でした。その園は、最高神ゼウスの妻ヘラのもので、ゼウスとヘラの結婚祝いとして大地の女神ガイアから贈られたものでした。そこには金のリンゴのなる木があり、それを食べた者は不死の存在になるとされました。木の根元には、ラドンというドラゴンが巻き付いていました。ラドンは100の頭をもち、大蛇のような体で、一時も眠りません。金のリンゴを守るラドンの姿は、ギリシアの壺によく描かれます。英雄ヘラクレスは、12の功業(16ページ参照)のひとつとして、ラドンを殺してリンゴを盗みました。

ピュトン

ピュトンもまた、初期のギリシア神話に登場するドラゴンです。頭と胸は女性で、下半身がドラゴンの姿をしています。大洪水のあとに残った泥から生まれたとされています。

ピュトンはパルナッソス山の洞窟に住み、デルポイの神託所を守っていました。ゼウスの息子で光と音楽と詩の神アポロンは、ピュトンを弓矢で殺し、神託所を奪います。以来、神託を告げる巫女はピュティアと呼ばれるようになりました。勝利の記念に、アポロンはピュティア祭を開始しました。これは、音楽や詩やスポーツの競技大

会で、古代オリンピックと同様に4年に一度開催されました。

カドモスのドラゴン退治

ギリシア神話の英雄カドモスも、ドラゴンを退治しました。デルポイの神託を受けたのち、カドモスはカスタリアの泉を守っていたドラゴンを殺し、ゼウスの娘の知恵の女神アテナのお告げに従って、ドラゴンの歯を地中にまきました。するとそこから、

ピュトンを殺すアポロン

スパルトイと呼ばれる猛々しい戦士たちが飛び出してきます。カドモスが彼らに向かって高価な宝石を投げると、スパルトイたちは争いをはじめます。最後に生き残った5人の戦士は、カドモスを助け、テーバイの町を築きました。この逸話から、争いの種をまくことを意味する「ドラゴンの歯をまく」という表現が生まれました。

アルゴナウタイ(アルゴ号の乗組員)

ロードスのアポロニウスの記した叙事詩『アルゴナウティカ』(紀元前3世紀前半)のなかにも、イアソンと金羊毛の神話の一部として、同じような逸話が残されています。ドラゴンの歯から生まれた戦士たち(上のカドモスの項を参照)に向かって宝石を投げ、同士討ちをさせて滅ぼしたあと、イアソンは金羊毛を守るコルキスのドラゴンをだしぬきます。自分に思いを寄せる強力な女魔法使いメデイアの助けを借り、薬草の汁でドラゴンを眠らせ、金羊毛を奪ったのです。

ローマのドラゴン

ローマのドラゴンはドラコと呼ばれ、翼のある大蛇の姿をしていて、ちろちろと揺れる舌から火を吐きます。北の空に浮かぶ、ドラゴンの形をした星座のりゅう座は、ローマ帝国支配下のエジプトに暮らした数学者・天文学者のプトレマイオス(90～168年)が定めた48星座のひとつです。ドラコは、ヘスペリデスの園のドラゴンが語り継がれたものだとする説もあれば、カドモスやイアソンが退治したドラゴン(左記参照)に由来するという説もあります。ローマの博物学者大プリニウス(23～79年)は、『博物誌』のなかでエチオピアやインドのドラゴンについて、洞窟や地下の巣穴に生息し、象を食い尽くすほど巨大であると記しています。ローマ神話に基づいた中世の動物寓意集のなかでは、ドラコは空を飛び、光る体で獲物の目をくらませるとされています。

ドラコ

近東のドラゴン

古代バビロニアやペルシアでも、ドラゴンは重要な存在でした。バビロンの町の守護神とされたマルドゥクは、奇怪な雌ドラゴンのティアマト(282～283ページ参照)を殺して世界を創造したと伝えられています。バビロンが小さな都市国家から地方一帯を支配する帝国へと成長すると、マルドゥクに仕えるドラゴンが歩く姿が、町の壁や門に飾られました。

このドラゴンは「シルシュ」とも呼ばれ、これはおおむね「壮麗なドラゴン」を意味します。体は細身で鱗に覆われ、クサリ蛇のような角のある頭をもち、前足はライオン、後足は鷲、サソリのような毒のある尾が生えています。

聖書の記述

旧約聖書のダニエル書によれば、バビロニアの王がベル神の神殿でドラゴンを飼っていました。ダニエルはベル神の偶像を破壊したあと、王に向かって、剣も棍棒も使わずにドラゴンを退治できると宣言します。そして王の許しを得て、ピッチと脂肪と毛髪を煮て団子を作り、ドラゴンに食べさせます。ドラゴンは破裂し、怒ったバビロニアの人々はダニエルをライオンの洞穴へと投げ込みました。

ペルシアのドラゴン

ペルシアの民話にも、ドラゴンの話が数多く残されています。鱗のある大蛇のような体で、背中に沿って突起があり、翼がないために飛ぶことはできません。しかし、火を吐き、人間を食べる獰猛な生物です。もっとも有名なものは、『シャー・ナーメ(王書)』に出てくる、ロスタムが出会う砂漠の泉を守るドラゴンでしょう。眠りこみそうになったロスタムは、愛馬のラクシュに3度も起こされ、ようやくドラゴンを捕らえて退治しました。別の物語では、フェリドゥーン王が3人の息子たちの勇気を試すため、凶暴なドラゴンに変身します。その結果、もっとも知恵と勇気に富んだ三男のイーラジが、ペルシア(現在のイラン)の支配者に指名されました。

ペルシアのドラゴン

イギリス諸島のドラゴン

450年頃に最初にイングランドへ足を踏み入れたアングロサクソン人たちは、白いドラゴンの旗を掲げていました。以来、ドラゴンの存在はブリテン島の人々の伝承のなかに織り込まれていきました。『マビノギオン』に見られるウェールズのドラゴンや、アーサー王伝説のドラゴン、イングランドの守護聖人である聖ゲオルギウスによる壮大なドラゴン退治など、イギリス諸島にはドラゴンの逸話が豊富にあります。

ウェールズの旗

赤いドラゴン

古来よりドラゴンは、ブリトン人の王たちの象徴とされてきました。ウェールズの物語集『マビノギオン』には、赤いドラゴン(ウェールズ語では“Y Draig Goch”)と、侵略者の白いドラゴンとがブリテン島の支配権を巡って争う様子が語られています。物語によれば、争うドラゴンたちの苦しげな叫び声を聞くと、女たちは流産し、穀物は枯れたといいます。ブリトン人の王スィッズが賢明な弟のスェヴェリスに相談したところ、弟はスノードニアのディナス・エムリスに穴を掘り、蜂蜜酒を注ぐようにと答えます。ドラゴンは蜂蜜酒を呑んで酔いつぶれ、スィッズはこれを捕らえることができました。

アーサー王伝説

さらに物語は、9世紀ウェールズの修道士ネンニウスによる『ブリトン人の歴史』のなかで続いていきます。数世紀ののち、ヴォルティゲルン王がディナス・エムリスに城を築こうとしますが、毎晩のように城壁が崩れてしまいます。のちに魔法使いマーリンとなるひとりの少年が現われ、地中で争い続けているドラゴンたちの存在を王に教えます。解き放たれたドラゴンは戦いを再開し、赤いドラゴンが勝利をおさめます。ジェフリー・オブ・モンマス(1100〜1155年頃)は『ブリタニア列王史』のなかで、この勝利をアーサー王の誕生の予兆であると書いています。アーサー王はアーサー・ペンドラゴンとも呼ばれ、これはウェールズ語でドラゴンの長を意味する“Pen Draig”から来ています。

その後1000年にわたり、多くのブリトン王たちが戦旗にドラゴンをあしらいました。有名な7世紀の王「グウィネスのカドワロンの息子カドワラデル」は、軍旗に赤いドラゴンを用いました。アルフレッド大王は878年にエディントンの戦いでヴァイキング軍を破った際に、白いドラゴンの旗を揚げます。エセルスタン王は、937年のブルナンブルフの戦いで、またハロルド2世は1066年のスタンフォード・ブリッジの戦いで、白いドラゴンの旗の下に戦いました。11世紀には、王は自分の旗とドラゴンの軍旗の間に立ち、兵士の士気を鼓舞しました。1191年には、獅子心王リチャード1世が、第3回十字軍にドラゴンの軍旗を携行します。ヘンリー5世も

1415年のアジャンクールの戦いでドラゴンの軍旗を掲げました。薔薇戦争中には、カドワラデルの子孫だと自称するヘンリー7世が、チューダー朝の白と緑の背景のうえに、赤いドラゴンをあしらった旗を用い、そこから現在のウェールズの旗が誕生しました。

聖ゲオルギウスとドラゴン

イングランドの守護聖人ゲオルギウス(280～303年頃)は、ローマ帝国の兵士でした。彼がドラゴンと遭遇する有名な物語は、12世紀に聖地から帰還した十字軍によってイングランドに伝えられたものと思われます。勇敢な騎士のあるべき姿をすべて体現したこの逸話は、1348年のガーター勲章の創始のきっかけとなりました。シェイクスピアは、イングランドの誇りにとって、この聖人がいかに重要であるかを強調するため、『ヘンリー5世』のなかで、アジャンクールの戦いに際して軍勢を鼓舞する王に、次のような台詞をいわせています。「神よ、ハリーに味方したまえ！　聖ジョージ(ゲオルギウス)よ、イングランドを守りたまえ！」

ドラゴン退治

中世の聖人の伝記集『黄金伝説』(1483年)によれば、リビアのシレナの民衆が、近くの湖に住むドラゴンに脅かされていました。毎日、羊とくじ引きで選ばれた乙女がドラゴンの生け贄にされていました。ある日、シレナの王女がそのくじに当たってしまいます。困惑した王は、財産すべてと国の半分を差し出し、王女の命請いをしますが、民衆は許しません。王女は花嫁の衣装を着せられ、湖へ連れて行かれます。

これを聞いた聖ゲオルギウスは、救出に向かいます。馬に乗ってドラゴンに突撃し、槍で突きます。そして王女の帯を借り、ドラゴンの首にくくりつけました。おとなしくなったドラゴンは、鎖につながれた犬のように王女に付き従い、町中まで連れられていきます。脅えた民衆は、褒賞として何でも与えるといいました。聖ゲオルギウスは、王や民衆がキリスト教に改宗することだけを求め、それが受け入れられると、ドラゴンを退治します。王はその場所に聖母マリアと聖ゲオルギウスに捧げた教会を建て、やがてそこからは、万病を癒す泉が湧き出ました。

聖ゲオルギウスとドラゴン

ヨルムンガンド

北ヨーロッパのドラゴン

北ヨーロッパの神話の多くにはドラゴンが登場します。ゲルマン神話のドラゴンは、ワームと呼ばれ、これは蛇を意味します。「ワーム」という言葉（あるいはその変形）は、古い北欧言語でドラゴンを意味します。古英語では、“wyrm”となり、古高地ドイツ語では“wurm”、古代スカンジナヴィア語では“ormr”となります。

北欧のドラゴン

ヨルムンガンドはロキ神の子供のひとりです。『エッダ』によれば、北欧神話の最高神オーディンは、人間の住むミズガルズを取り巻く大海にヨルムンガンドを投げ捨てました。巨大に成長したヨルムンガンドは、自分の尾をくわえて、ミズガルズをぐるりと取り囲みます。

雷と戦いの神トールはヨルムンガンドの敵でした。トールは、強力な釣り糸と大きな釣り針を使って、大海にいるヨルムンガンドを狙います。トールは餌に食いついたドラゴンを釣り上げますが、あまりの力に足が船底を突き破ります。トールが鉄槌でドラゴンを仕留める前に、巨人ヒュミルが釣り糸を切ったので、ドラゴンは水中へと逃げ去ります。最後にトールがヨルムンガンドと出会うのは、世界の終末ラグナロクでのことになります。ヨルムンガンドは大海から姿を現して、天と地を毒で汚染し、津波を引き起こします。トールはヨルムンガンドを退治しますが、その毒を浴び、9歩歩いたところで倒れて絶命するのです。

ゲルマンのドラゴン

『ヴォルスンガ・サガ』には、ファフニールの逸話が残っています。ドワーフの王の息子だったファフニールは、弟のレギンとともに父を殺し、黄金を奪います。貪欲なファフニールは弟からも黄金を奪い、ドラゴンに変身して財宝を守ります。人間の英雄シグルド（ジークフリート）は、報復のために、ドラゴンの心臓に剣を突き刺して殺します。ファフニールとジークフリートは、ゲルマンと北欧の神話に基づいた歌劇4部作『ニーベルングの指輪』（リヒャルト・ワーグナー作）の主要な登場人物です。

中国の龍《ロン》

中国の龍は、鱗に覆われた長い大蛇のような体と首をしていて、トカゲのような脚と、鷲のような鉤爪をもちます。優美な頭には髭と鹿のような角が生え、翼をもつことはまれですが、雲に乗って空を飛んだり、竜巻に乗って天国へ昇ったりします。

龍は繁栄と幸運の象徴です。これを示すために、しばしば龍の絵には、口のなかや顎の下に輝く真珠が描かれます。

皇帝のシンボル

古来、龍は中国皇帝のシンボルであり、力や卓越性や、高貴さ、不屈の精神を象徴してきました。多くの中国人が、「龍の子孫」であることを誇りにしています。これは伝説上、最初の皇帝とされる黄帝（在位紀元前2679～2598年）が、龍の姿で昇天したとされているためです。中国の皇帝は龍をあしらった玉座に座り、衣服を龍の刺繍で飾りました。清代には、庶民は龍のマークのついた服を着ただけで死罪になることすらありました。黄色や金色をした5本爪の龍は、とくに皇帝と縁が深いとされました。北京の紫禁城にある宮殿や廟所にも、龍の彫刻がほどこされています。

龍の力

中国の民話では、龍は川や湖や海を支配する存在で、雨を降らせるものとして天候とも結びつけられていました。大量の水のある場所は、すべて龍の王が支配しているのです。近代以前には、多くの村々にその土地の龍王をまつった廟がありました。干ばつや洪水の際には、龍を鎮める儀式が行われました。天気を左右する龍の力を示した有名な民話があります。洞庭湖の龍王の娘が、夫への不満を書いた便りを父親の宮殿へと送ったところ、短気なおじの銭塘君という龍が助けに駆けつけ、町や村々に洪水を起こして、50万もの人々を溺死させたのです。

中国宮廷の官服に
ほどこされた龍の刺繍

中国の龍

中国の龍の種類

龍の分類法はいくつかあります。体の色で分けることもできれば、働きによって分類することもできます。また、龍生九子という伝説もあり、9頭の龍たちは、それぞれ異なった性格と使命を帯びています。中国では、一桁の数字のなかで最大の数である9は、おめでたい数字とされます。龍生九子は中国の建物や船や武器などの装飾によく用いられます。たとえば、囚牛は音楽を好むため、しばしば弦楽器の頭部に彫刻されます。睚眦は気性が荒く、勇猛で戦いを好むため、昔は剣の柄や戦斧に用いられました。嘲風は恐れを知らず、高いところを好むため、古い宮殿の屋根の装飾に用いられています。

色による分類

- 黒龍は北を象徴し、空中で暴れて嵐を生じます。
- 青龍は東を象徴し、春の訪れを告げます。
- 赤龍は西を象徴し、夏の喜びを表します。
- 白龍は南を象徴し、死や迫りくる飢饉を予兆します。
- 黄龍は中央に位置し、崇拝される存在です。神々へ祈願を伝えます。

世界における使命による分類

- 天龍は、天界の龍で、神々の乗り物を引き、宮殿を守ります。
- 神龍は、風と雨を支配するため、好天を願うには神龍を鎮めます。
- 伏蔵龍は、地中に埋められた貴金属や宝石を守っています。この龍が地中から天界へ飛び去るときに火山が生まれます。
- 地龍は、川を支配します。春には天界に棲み、秋には海中で暮らします。
- 応龍は、黄帝の力強いしもべです。黄帝は龍に姿を変え、不滅の存在となりました。伝説では、応龍は尾で黄河に水路を掘り、洪水を防ぎました。
- 蛟龍は、海中に棲み、洪水を起こします。
- 蟠龍は、湖に棲んでいます。
- 黄龍は、人々に読み書きを教え、博識で知られています。
- 四海龍王は、四方の海を支配しています。

日本、朝鮮、ヴェトナムの龍

中国の龍と同じく、日本や朝鮮、ヴェトナムの龍も慈悲深い生き物とされ、人間の生活や国の運命を左右してきました。自然界の要素と結びついたものもあり、とくに水と縁が深いとされます。

日本の龍

日本の龍は、鱗に覆われた、細身の大蛇のような生物で、爬虫類に似た頭には角が生えています。一般に、日本の龍の足には、中国の龍のように4本や5本ではなく、3本の爪が生えています。中国の龍と同様、水と密接な関係にあり、皇室とも深い縁があります。昭和天皇（在位1926～1989年）は自らの祖先を、龍神の娘である豊玉姫命まで125代遡ることができるとしていました。

一般に、日本の龍は慈悲深い生き物ですが、例外もあります。とくに有名な神話のひとつに、邪悪な八岐大蛇（古志の大蛇）という龍が登場します。これは8つの頭と8つの尾をもち、それぞれの足に8つの鉤爪が生えていました（注：八岐大蛇に足があるという描写は一般的ではない）。八岐大蛇は、美しい7人の姉妹をひとりずつ食べてしまいます。絶望した8人目の娘がすすり泣いていると、嵐神素戔嗚尊がその声を聞きつけ、助けに現れます。素戔嗚尊は娘を櫛に変え、自分の髪にさします。そして酒樽を置いて八岐大蛇を待ち受け、大蛇の8つの頭がすべて酒を呑んで酔っぱらったところを、剣で切り刻んだのです。

朝鮮とヴェトナムの龍

朝鮮の龍《ヨン》は、水と農業に関係した慈悲深い生物で、雨と雲を運んできます。古代朝鮮の書物には、言葉を話し、信仰や親切心や感謝などといった人間的な感情を示す龍が登場します。またある伝説では、死に瀕した文武王が、東海の龍となって国を守りたいと願ったとされています。

ヴェトナムでは、龍はロンと呼ばれます。古来より、ヴェトナムの龍は力強い大蛇に似た姿で、体には12の節があり、これは1年の12ヵ月を象徴しています。ヴェトナムの民族は、龍の貉龍君と鳥に似た仙女の嫗姫との結婚によって誕生したとも考えられ

日本の龍を描いた屏風

ています。嫗姫は100個の卵を産み、そこから100人の強靱な男子が誕生しました。ヴェトナムの人々は、自らをコン・ロン（龍の子）と呼びます。

オーストラリアとニュージーランドのドラゴン

オーストラリアとニュージーランドのドラゴンも、慈悲深い生物です。多くが水辺に棲み、水と縁が深く、命を育む雨をもたらすとされています。

虹 蛇

オーストラリアの先住民はドラゴンを虹蛇（レインボー・サーパント）と呼んでいます。ノーザン・テリトリーの北東部アーンヘム・ランドには、虹蛇の岩絵が残されており、これは6000年以上前のものとされます。つまり、虹蛇は世界最古の幻想生物のひとつだといえます。蛇に似た他のドラゴンと同じように、その姿はいくつかの動物から成り立っています。頭はカンガルーか馬に似ていて、蛇のような長い体はスイレンやヤムイモや草のつるで飾られ、ワニのような尖った尾や、とげのある尾が生えています。

民間信仰のなかでは、虹蛇は命を育む雨の恵みと結びつけられています。ふだんは深い滝壺に棲むといわれ、人間が自然の掟に背くと、姿を現し、嵐や洪水を起こします。洪水で流された人々の骨は、虹蛇の口から吐き出され、やがて石になります。肥沃と豊穣を願って虹蛇を崇拝する儀式や風習は、オーストラリア先住民の信仰や文化のなかの重要な一部となっています。エインガナは、世界の創始者である母なる虹蛇で、ンガルヨッドは地形を変える力のある雄の虹蛇です。

ンガルヨッド（虹蛇）

マオリ族のタニファ

ニュージーランドのマオリ族の神話には、大蛇に似たタニファという生物が登場します。地形を変える力をもち、深い川底や、暗い洞窟や、海に棲むといわれています。地中にトンネルを掘り、木々を根こそぎ倒す力をもつものもいます。タニファが海へと通じる水路を掘ると、そこに港ができます。ウェリントンの港は2匹のタニファによって作られたともいわれます。1匹の遺骸は石になり、街を見下ろす丘になりました。海に棲むタニファはクジラほどの大きさがありますが、形はトカゲやヤモリに似ていて、背中に沿って長い突起がついています。それぞれの部族には、独自のタニファが守り神として存在します。

ユニコーン

「ユニコーン」という名前は、ラテン語に由来したもので、“unus”がひとつを、“cornus”が角を意味します。神秘的な美しさをもった馬に似た生物で、牡山羊のような髭を生やし、ライオンの尾と双蹄をもち、額には角が1本生えています。このような今日のユニコーンのイメージは、古代のギリシアやローマの記録に基づいて形成されたものです。

歴史のなかのユニコーン

ギリシア人にとって、ユニコーンは実在の動物でした。最古の記述は、紀元前4世紀の医師・歴史家であるクテシアスによるものです。彼が記したユニコーンの姿は、俊足で、野生のロバに似ているものの、体は白と赤と黒い色をしていて、額には1.5キュービット（72㎝）ほどの角があるというものでした。角で作った器で飲み物を飲むと、解毒効果があるとも述べています。

ローマの博物学者大プリニウスは、さらに詳しく描写しています。体は馬で、頭は牡鹿、四肢は象、猪の尾をもち、太いうなり声をあげ、2キュービット（96㎝）の長さの黒い角をもつと記しています。

ユニコーンの象徴性

さらに古代末期には、『フィシオロゴス』に基づいて製作された動物寓意集のなかで、ユニコーンの象徴性を示す寓話が付け加えられていきます。そこでは、ユニコーンは聖母マリアのような乙女にのみ心を許すとされました。乙女に出会うと、ユニコーンはその膝に頭をのせて眠り込みます。その姿はキリストの化身を表していると考えられました。この解釈に基づき、中世の宗教美術にはユニコーンが用いられたのです。

15世紀には、ユニコーンは紋章のシンボルとしてよく用いられました。イギリスの国章は、サポーターにライオンとユニコーン

ユニコーン

をあしらっています。ライオンはイングランドのシンボルで、ユニコーンはスコットランドのシンボルです。この2つの動物は昔からのライバルであり、攻撃的なライオンは自らの秩序を世界に強制する力を象徴し、穏やかなユニコーンは相互理解に基づいた協調を象徴しています。2つを合わせることによって、対立者のあいだに生まれる盤石の絆を示しているのです。

ユニコーンのタペストリ

中世のヨーロッパでは、ユニコーンに対する興味がもっとも高まりました。13世紀のフランスの吟遊詩人たちは、ユニコーンを宮廷愛のシンボルとして再解釈しました。ユニコーンが乙女に憧れるように、騎士は貴婦人に憧れたのです。次に紹介する2種類の中世のタペストリは、ユニコーンに結びつけられた宮廷愛や宗教的なテーマを扱ったものとして有名です。

クリュニー美術館のタペストリ

パリの中世美術館(クリュニー美術館)の「貴婦人と一角獣」と呼ばれる6枚のタペストリは、1460年頃に製作されました。花柄の朱色の背景のうえに、緑の庭にいる貴婦人とユニコーンを描いたものです。

そのうちの5枚は人間の五感を示しています。たとえば、「視覚」のタペストリは、貴婦人の膝に前脚をあずけてうずくまるユニコーンが、貴婦人の手鏡に映っている様子を描いています。「聴覚」では、貴婦人がオルガンを弾き、「味覚」では菓子を食べ、「嗅覚」では花の冠を編んでいます。「触覚」では、貴婦人がユニコーンの角に触れています。6枚目のタペストリは謎です。「我が唯一の望みに」と書かれたテントの前に立つ貴婦人は、宝石箱に首飾りをしまっています。このポーズは、魂の充足を追求するために、五感がかきたてる欲望を拒絶することを象徴しているのかもしれません。

メトロポリタン美術館のユニコーン

もうひとつの連作タペストリは、「一角獣狩り」(1495〜1505年)と呼ばれるもので、ニューヨークのメトロポリタン美術館に展示されています。犬を連れた狩人たちが、泉でユニコーンを見つけ、取り囲みます。ユニコーンは、動物たちが飲めるように、角を泉に浸して水を浄化していたのです。ユニコーンは果敢に抵抗しますが、乙女の膝の上で休んだところを、捕らえられて殺され、城にいる王と貴婦人の前へ運ばれます。タペストリは、王の結婚を祝して製作されたものかもしれません。最後のタペストリでは、ユニコーンはふたたび囲いのある庭のなかで生きており、これはキリストの復活を象徴するとも考えられます。

『貴婦人と一角獣』に描かれた「味覚」

麒麟の刺繍がほどこされた明朝の絹の官服の記章

東洋のユニコーン

東洋や中東にもユニコーンの神話があります。中国のユニコーンはじつに長大な歴史をもち、4000年ものあいだ中国の神話のなかの重要なシンボルとされてきました。日本やヴェトナムなど、他のアジア諸国にもユニコーン伝説は存在します。

中国の麒麟《チーリン》

中国のユニコーンは麒麟といい、体はレイヨウで、尾は牛、3.6mほどの角をもつ架空の生物です。美しい光彩を放ち、数千もの風鈴を鳴らしたような声をもち、蹄の音ひとつたてずに静かに歩きます。偉大な力と叡知を備えているため、麒麟が現れるのは吉兆だとされ､偉大な指導者の登場や、ときには死去を予兆するといわれました。

麒麟と縁のある偉大な支配者たちの伝説が、いくつか残されています。伝説上の皇帝伏羲（紀元前2852～2738年頃）は、死を前にして、自らの思想を記録して後代に伝えたいと願いました。黄河の川岸に座っていると、麒麟が現れ、背中に記された不思議な記号を見せました。伏羲はそこからヒントを得て八卦を考案し、それが文字の元となったといわれています。また、黄帝が亡くなる直前にも、麒麟が宮殿のなかを静かに歩いたとされています。

孔子との関係

しかし、もっとも有名な麒麟の伝説は、孔子（紀元前551～479年頃）の誕生と死にまつわる逸話でしょう。孔子の母が男子の誕生を祈願していると、麒麟が現れて母の手に一片の翡翠を落とし､「玉座なき王」の誕生を予言しました。孔子は皇帝になることはありませんでしたが、どの皇帝よりも大きな影響を中国の文化に与えました。70歳になり『春秋』を著していたとき、孔子は奇妙な獣が狩人たちによって殺されたと伝え聞きます。孔子はすぐにそれが麒麟であると悟り、すすり泣きました。『春秋』の最後にこの麒麟の死について記したあと、孔子は永遠に筆を置いたのです。

日本の麒麟《キリン》

日本のユニコーンは麒麟または神羊（注：中国の「獬豸」伝説のこと）と呼ばれています。麒麟は、中国の騏驎と同じく穏やかで孤独を好む生物ですが、神羊は力強く獰猛で、ライオンのようにたくましい体に、豊かで立派なたてがみを生やしています。神羊は、とくに善悪を判断する能力をもつことで知られています。伝説によれば、裁判をつかさどっていた賢人皐陶は、軽微な犯罪を扱う場合は、ただちに罪の有無を判定できました。しかし人の死が関係する事件の場合には、しばしば神羊の助けを借りました。被告が有罪ならば、神羊はその者を見つめ、角で心臓を貫いたとされます。

ヴェトナムの麒麟

ヴェトナムの民話では、麒麟は唐朝（600年頃）時代に登場したといわれています。高祖は、中部高原の平定を祝して、年に一度の麒麟の舞を始めました。他の東洋の麒麟と同じように、ヴェトナムの麒麟も幸福

や富や繁栄を象徴します。

現在でも、毎年テト(旧正月)の祭には、麒麟の舞が行われます。鮮やかな色の旗が先頭を行き、そのあとを、太鼓やシンバルの騒々しいリズミカルな音頭にのって、鮮やかな装束の踊り手たちが麒麟を掲げて練り歩きます。行列は民家や商店をまわり、祭への寄付を求めます。麒麟は玄関口で、催促するように数回頭を下げます。寄付は、釣り糸にぶらさげた餌のような状態で差し出されます。ときには宙づりにされていることもあり、麒麟を掲げる人々は、人間ピラミッドを組んで高い所にある寄付を受けとらなくてはなりません。観衆の喝采のなか、麒麟は褒美を「飲み込み」ます。麒麟は繁栄のシンボルなので、人々は踊り手たちへの寄付を惜しみません。

金色に輝く日本の麒麟

牛、猪、羊

4本足の空想動物は、見慣れた牛や猪や羊に似ているかもしれませんが、
けっして並の動物ではありません。
巨大なものもいれば、変身能力のあるものもいます。
また、身を守るための強烈で恐ろしい武器を備えたものもいます。

ボナコン

この野牛に似た幻想動物は、ボナススとも呼ばれ、アジアの砂漠地帯に棲むといわれます。大プリニウスの記述のなかに最初に登場し、そのなかでは、パエオニアという国に棲み、頭と体は牛に似ていて、馬のような首とたてがみをもつと書かれています。2本の角は後方へ湾曲しているので、防御の役には立ちません。

しかし、ボナコンには代わりの防衛手段があります。プリニウスによれば、誰かが近づくと、ガスと糞を604mほども撒き散らすことができたそうです。糞は非常に熱く、木々を焦がし、あらゆるものを燃やし、追っ手にやけどを負わせました。12～13世紀の動物寓意集には、完全武装の狩人たちが、盾で有害な糞を避ける姿が描かれています。

カトブレパス

この牛に似た伝説の生物はエチオピアに棲むとされ、大プリニウスの記述のなかに最初に現れ、のちにギリシアの著述家アイリアノス（175～235年頃）の『動物の特性について』にも登場します。

アイリアノスによれば、鈍重で恐ろしいこの生物は、牛ほどの大きさで、密生したたてがみを額に垂らし、血走った細い目に、鱗のある背中と、毛むくじゃらの眉毛をもつそうです。頭が重く、いつもうつむいています。“Catoblepas”とは、ギリシア語で「うつむくもの」を意味します。

カトブレパス

カトブレパスの視線は有害なので、目を伏せているのは好都合です。また毒草しか食べないために、息にも毒があるといわれています。敵が近づくと、カトブレパスは体を震わせ、敵をにらみつけ、歯をむき出し、臭い息を吐きます。敵は声が出なくなり、痙攣を起こして死にます。アイリアノスによれば、他の動物たちはこれを知っていて、カトブレパスからできるだけ遠くへ離れようとするそうです。

グガラナ

グガラナは古代シュメール神話に登場する牛に似た生物で、グアンナや天牛とも呼ばれます。『ギルガメシュ叙事詩』のなかで、ギルガメシュが女神イシュタルの求愛を拒絶します。傷ついたイシュタルは、父である天の神アヌに頼み、天牛にギルガメシュを殺させ、ウルクの街を破壊させようとします。アヌはこれを認め、グガラナをウルクへと遣わします。グガラナが鼻息を吹き出すと、地面に割れ目ができ、何百もの人々が死にました。

フンババ（284～285ページ参照）を倒したときと同様に、ギルガメシュと友人のエンキドゥは、協力して強大な天牛を倒します。イシュタルは激怒しますが、エンキドゥは、天牛の腿を引き裂いて女神の顔に投げつけ、侮辱します。このため、エンキドゥは神々からの制裁によって命を落とします。

マヒシャ

マヒシャは水牛の頭をもつ悪魔で、女神ドゥルガーに倒されました。マヒシャは、3つの世界を荒らし回り、大地と海を汚染し、宇宙の秩序を乱していました。ドゥルガーはマヒシャを成敗するために誕生しましたが、マヒシャは傲慢にもドゥルガーに求婚します。「結婚したいのなら、わたしを打ち負かしてごらん」とドゥルガーは答えました。

壮大な戦いが始まります。マヒシャの攻撃によって、山は揺れ、海は荒れ狂います。一方、ドゥルガーはシヴァ神に与えられた三叉戟や、ヴィシュヌ神の円盤を使って反撃します。マヒシャは、ライオンや象へと姿を変えます。しかしドゥルガーは戦棍で水牛の角を折り、槍でライオンのたてがみを切り裂き、剣で象の体を突き刺します。そしてマヒシャの背に飛び乗り、聖なる足でその頭を蹴りました。気絶したマヒシャの心臓を、ドゥルガーは三叉戟で貫きます。ベンガルでは、毎年ドゥルガー・プージャの祭でドゥルガーの勝利を祝います。

マヒシャを退治する偉大な女神ドゥルガー

ミノタウロス

ミノタウロスは、ギリシア神話に登場する牛頭人身の生物です。その物語は、数多くのギリシアやローマの文献に登場します。1〜2世紀に編纂された神話や伝説の百科事典『ビブリオテーケー』(邦訳名『ギリシア神話』)もそのひとつです。ミノタウロスとは、「ミノス王の牛」という意味で、物語はふつう、有名なクレタ島のミノス王の登場から始まります。

ミノス王は、玉座にふさわしいことを示すため、その証拠として牡牛を授けてくれるよう海神ポセイドンに祈り、その牛を神々への生贄にすると約束します。すると、見たこともないほど美しい牛が海から授けられました。ミノス王は神々が気づかないだろうと考え、白い牛を手元に残して、代わりの牛を捧げます。しかしポセイドンは見逃しませんでした。激怒したポセイドンはミノス王の妻パシパエに呪いをかけ、白い牛に恋をさせます。発明家で工匠のダイダロスは、パシパエのために牛の模型を作り、パシパエはそのなかに隠れて牛と結ばれます。そして、人間の体に牛の頭と尾をもつ怪物ミノタウロスが生まれたのです。成長したミノタウロスは凶暴化し、再びダイダロスの出番となります。ダイダロスは宮殿の地下に巨大な迷宮をつくり、ミノダウロスを幽閉したのです。

ミノタウロスを退治するテセウス

ミノタウロスの敗北

ミノス王は、息子を殺された報復として、アテナイの人々のなかから若い男女を7人ずつ9年間にわたって差し出させ、ミノタウロスの生贄にすることに決めました。英雄テセウスは3年目の生贄に自ら志願し、若者たちを助けると約束します。父のアイゲウスを安心させるため、テセウスは、成功のあかつきには船に白い帆を揚げて帰還すると約束しました。

ミノス王の娘アドリアネは、クレタ島に到着したハンサムなテセウスに心を奪われ、協力を誓います。迷宮に送られるテセウスに糸玉を渡し、それをたどって迷宮を脱出すればいいと教えます。強靱で知略に長けた勇敢なテセウスは、激しい戦いの末に怪物を殺し、糸をたどってアテナイの若者たちを迷宮から救出したのです。

テセウスの不注意

テセウスはアテネの若者たちとアリアドネを連れて船で逃げます。しかし休息のために停泊したナクソス島で、眠っているアリアドネを置き去りにしてしまいます。目覚めたアリアドネを、デュオニソス神が慰め、花嫁に迎えます。そのとき贈られた冠が、かんむり座となりました。しかし、テセウスが忘れていたのは、アリアドネだけではありませんでした。船に掲げた黒い帆を、白い帆に代えるのを忘れていたのです。父のアイゲウスは黒い帆を見て絶望し、息子の帰りを待っていた崖から海に身を投げて亡くなりました。その海はエーゲ海と名づけられました。

この不思議な神話には、いくつかの解釈が可能です。『ビブリオテーケー』では、ミノタウロスは「星の王」を意味するアステリオンという名前で呼ばれています。またクレタ島の古い硬貨には、片方に迷宮が、もう一方には星に囲まれたミノタウロスが刻まれています。さらに、クレタ島で出土した壁画や工芸品には、牡牛崇拝が見てとれます。したがって、パシパエと白い牛の交わりは、聖なる儀式であったとも考えられます。パシパエは巫女として神と結婚し、ミノス王か神官が、牡牛の首か仮面を被って牛に扮していたのかもしれません。アリアドネの場合も、クレタ島の巫女としてデュオニュソス神と結ばれ、結婚の印として神から冠の形の星座を贈られたのだと考えれば、この解釈が裏付けられます。

走るミノタウロスを黒で描写した
古代ギリシアのアイカップ（紀元前515年頃）

クリュソマロス(金毛の羊)

クリュソマロスは、ギリシア神話に登場する空飛ぶ不思議な金毛の牡羊で、海神ポセイドンと美しい人間の女テオパネの子供です。テオパネを他の崇拝者たちから守るため、ポセイドンはテオパネを牝羊の姿に変え、自分も牡羊に変身しました。ふたりのあいだには、金毛の牡羊が生まれました。

成長したクリュソマロスは、ゼウスへの生贄にされそうになっていたプリクソスとヘレというふたりの子供を助けました。しかし、ふたりを乗せて海の上を飛んでいるときにヘレが落ちてしまい、その場所はヘレスポントス海峡と名づけられました。これは、バルカン半島とアナトリア半島(現在のトルコ)を区切っている細長い海峡です。黒海を横切ってコルキスにたどり着くと、プリクソスはクリュソマロスをゼウスへの生贄に捧げ、金の羊毛を聖なる森の樫の木に掛けました。その羊毛を求めて、イアソンとアルゴナウタイは探索の旅に出ることになります。

ベヒモス

ベヒモスは、旧約聖書のヨブ記に登場する牡牛に似た生物です。巨大で力が強く、ヒマラヤ杉のような尾と、青銅の管や鋼鉄の棒のような強靭な骨をもちます。水辺の柳のそばで暮らし、草食で、聖書によれば、ヨルダン川の水を飲み干すこともできるとされています。この記述は、カバや竜脚類の恐竜にあてはまるのではないかと考える人もいますが、ユダヤ教の考えでは、海のリヴァイアサン、空のジズとともに、創世期から存在した陸の獣だとされています。ベヒモスはそれを創造した者、つまりヤハウェにしか殺せません。ユダヤの伝説では、世界の終末の日には、リヴァイアサンとベヒモスが殺し合い、生き残った正しい人々にその肉が供されるといわれます。

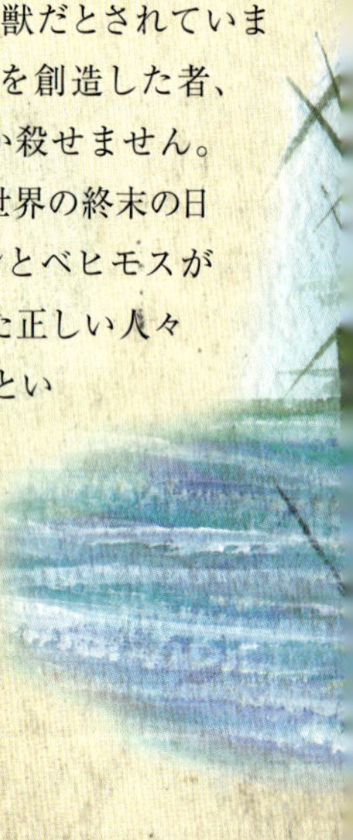

ベヒモス

カリュドンの猪

ギリシア神話に登場するカリュドンの猪は、黒っぽい硬い毛に覆われた巨大な猪で、背中に沿って隆起した逆毛の筋があり、危険な牙をもつとされています。カリュドンのオイネウス王が、初収穫した果物を狩猟の女神アルテミスに捧げるのを忘れたために、アルテミスはこの怪物猪を地に放ちました。猪はぎらつく牙で葡萄畑や穀物畑を荒らし、高い木々を根こそぎ引き倒し、困った人々は町の城壁のなかに避難します。

オイネウスはギリシア神話の偉大な英雄たちを召集しました。テセウスや、イアソンや、幾人かのアルゴナウタイや、オイネウスの息子メレアグロスや、女狩人アタランテらが集まります。最初にアタランテが矢で猪に傷を負わせ、メレアグロスが槍でとどめをさしました。アタランテを愛するメレアグロスは、その毛皮を贈ろうとしますが、おじたちが女性に褒賞を与えることに異を唱えます。争いが生じ、メレアグロスはおじたちを殺してしまいます。

トゥルッフ・トゥルイス

トゥルッフ・トゥルイスは、アイルランドとウェールズのケルト民話に登場する巨大な猪です。伝説によれば、もとは王でしたが、悪行

カリュドンの猪狩りを描いた石棺

トゥルッフ・トゥルイス

の罰として猪に変えられたといわれています。

トゥルッフ・トゥルイスが2匹の仔とともに里を荒らしまわるので、英雄アーサー王までもが退治に乗り出しました。壮絶な戦いが幾度も繰り広げられ、多くの戦士が殺され、トゥルッフ・トゥルイスだけが残りました。

ウェールズの叙事詩『マビノギオン』には、その続きが語られています。アーサー王の甥であるキルッフは、オルウェンを妻にすることを望みますが、オルウェンの父は、婚礼の身支度のために、櫛とはさみと剃刀をトゥルッフ・トゥルイスの背から取ってくるよう命じます。アーサー王の助けを借り、狩猟隊は猪を崖の上に追いつめます。キルッフが目的の品々をつかみ取ると、猪は海に飛び込んで泳ぎ去り、それ以後姿を見せることはありませんでした。

蛇

蛇は、世界中の文化の神話において中心的な役割を担っています。
貴重な秘密を守っているものもいれば、
自らの尾を永遠に噛んでいるものもいます。恐怖の怪物であることもあれば、
怪物たちを生む原初の母なる存在である場合もあります。

アムフィプテーレ

アムフィプテーレは、翼のある小さな蛇です。プリニウスはこれを「槍蛇」あるいは「ヤクルス」と呼びました。2枚の舌があり、1枚は蛇の舌で、もう一方は矢のような形だとする記述もあります。

アラビア神話によれば、この蛇は乳香の木の上に棲み、その芳香に魅せられて木を守っているとされます。動物や人間が巣に近づきすぎると、体をまっすぐにのばし、高い枝から後ろ向きに飛び降り、とげのついた尾で敵を刺すといわれています。この攻撃を受けると、鋭い矢や槍に刺されたような痛みを感じるとされ、スパイスを採集する多くの人々が傷つき、命を落としてきたと伝えられています。

中世の紋章では、この生物は槍に巻きついた姿や、棹の先端でバランスをとりながら静止した姿で描かれます。その姿は「迅速に正義を行うもの」を象徴しています。また、イギリスの教会の彫刻にも登場します。

アムフィスバエナ

アムフィスバエナは、アリを食べるという伝説の蛇で、体の両端に頭をもつといわれています。この名前は「両方向に進む」というギリシア語に由来します。ギリシア神話のなかでは、蛇の髪をもつ女神メドゥーサ(232〜233ページ参照)の切断された首から流れた血から生まれた、とされています。

中世の動物寓意集に描かれたアムフィス

アムフィスバエナ

バエナには、鱗に覆われたニワトリのような脚が2本以上と、羽毛のある翼が生えています。目は燃える石炭のように光り、体はまっぷたつに切断されても元通りにくっつくと記述されています。地面を這いながらどちらの方向にも進むことができ、また2つの口を噛み合わせて輪を作ることもできます。中世には、生きたアムフィスバエナを首に巻くと安産になるとされたほか、皮は関節炎に効き、肉を食べれば恋人を魅了できるという俗信も伝えられていました。

ケクロプス

ケクロプスは、ギリシア神話の王で、上半身が人間、下半身が蛇の姿をしています。その名前はギリシア語で「尾のある顔」を意味します。伝説によれば、ケクロプスはアテナイを建国した初代の王で、民衆に読み書きや婚礼や埋葬の習慣を教えたとされています。

ケクロプスの在位中、海神ポセイドンと、ゼウスの娘である知恵の女神アテナが、アテナイの守護神の地位をめぐって争います。ケクロプスはふたりの神に町への贈り物をさせ、よりふさわしいほうを選ぶことにします。ポセイドンは三叉戟でアクロポリスの岩を打ち、泉を湧き出させますが、その水は塩水でした。アテナが槍で大地を突くと、そこからオリーヴの木が生えます。オリーヴは木材や油や食べ物となるため、ケクロプスはアテナを守護神に選びました。

エキドナ

ギリシア神話のなかで、太古の昔からエキドナは「怪物の母」と呼ばれ、その名前は「マムシの女」を意味します。古代ギリシアの詩人ヘシオドス(紀元前700年頃)は、これを不老不死の存在で、明るい瞳と美しい頬をもつニンフと、すばやく獲物を襲って生肉を食べる蛇とを合体させたようなものとして描いています。エトナ山のふもとの岩窟を棲み家としています。

エキドナはふつう、宇宙を生んだ原初の存在のひとつであるタルタロスと、大地そのものである女神ガイアの子であるとされます。100の蛇の頭をもつ恐るべき怪物テュポンとのあいだに、ギリシア神話のなかでもとくに恐ろしい怪物たちを数多くもうけました。エキドナの子供のなかには、100の頭をもつドラゴンのラドンや、ハデスの飼い犬で3つの頭をもつケルベロスや、危険なネメアのライオンや、キマイラやスフィンクスなどの混成生物たちがいます。

ケクロプス

バジリスクとコカトリス

バジリスクは、ヨーロッパや中東の民話に伝わる伝説の生物です。何世紀ものあいだに、バジリスクの伝承は変化をとげ、やがて似たような性質を多くもつコカトリスという新たな生物が登場します。

初期の記述では、冠のような突起をもった小さな毒蛇とされていました。この突起のために、バジリスクは爬虫類の王と呼ばれ、その名前もギリシア語の「小さな王」に

バジリスク

コカトリス

由来しています。毒牙があるばかりではなく、触れられたり、息を吹きかけられたり、さらには見られたりしただけで、誰もが命を落とすとされます。非常に危険な生物で、そばにある草木が燃えてしまうため、バジリスクの生息地の中東には砂漠が生じました。1世紀のプリニウスの記述によれば、馬に乗った男がバジリスクを槍でしとめたものの、槍を伝ってのぼってきた強力な毒におかされ、馬もろとも絶命したといいます。

より危険で強力に

11〜12世紀の動物寓意集のなかでは、より巨大化し、口から火を吐いたり、声だけで相手を殺したりするなど、殺傷力も高まりました。中世の旅人は、護身用のアイテムを携帯することを勧められていました。たとえば、水晶玉はバジリスクの危険な視線をはねかえすとされたほか、天敵のイタチや、鳴き声を聞くとバジリスクが痙攣を起こして死ぬとされる雄鶏も効果があるといわれました。

コカトリスの出現

14世紀には、イングランドの作家ジェフリー・チョーサーが『カンタベリー物語』のなかでバジリスクについて触れ、この生物を「バジリコック」と呼びました。そしてこれがコカトリスへとつながったのです。この新たな生物は、本来の蛇に似たバジリスクと、雄鶏の頭と首と脚とが合体したものです。ドラゴンのような翼と人間の顔がついていたとする記述もあります。バジリスク同様、非常に危険で、木々の果実を腐らせたり、見ただけで人間を石にしたりすることができました。

ナーガ

ナーガは、ヒンドゥー教や仏教の神話や民話に登場する、大きくて賢い蛇のような生物です。上半身が人間で、下半身が蛇の姿で描写されることもあります。また、7つの頭と色とりどりの体をもつとされることもあります。

ヒンドゥー教の叙事詩『マハーバーラタ』では、毒で他の生物を苦しめるとされることもあれば、親切な協力者として描かれることもあります。人間の姿をしているものもいます。たとえば、ナーガの王ヴァースキは、神々が乳海から不死の妙薬アムリタを作るのを手伝いました。ヴァースキはマンダラ山のまわりに巻きつき、山を回転させる綱の役割を果たしました。両側から引っ張られることで乳海を攪拌して、そのなかからアムリタを生み出したのです。

アンコールワットのナーガ

ナーガの彫刻は、インドや東南アジアの多くのヒンドゥー教寺院で、守護像として用いられています。カンボジアのアンコールワット寺院群には、表口へと続く参道の両脇にナーガをかたどった欄干があります。この寺院群を建立したカンボジアの古代クメールの王たちは、追放されたインドの王子と、ナーガラジャ(ナーガの王)の娘の「蛇の女」とのあいだに生まれた子孫だといわれています。

仏教におけるナーガ

仏教においては、ナーガは仏陀とその教えの守護者として有名です。悟りを求めて菩提樹の下で瞑想していた仏陀は、嵐に見舞われます。ナーガのムチャリンダ(龍王)は、7つの頭を覆いのように広げて仏陀を守ります。この情景は多くの彫像に表現されています。大乗仏教では、仏陀は秘伝の大乗経典を海中の龍宮に隠し、仏陀の死から数百年ののちに、サーガがそれをインドの偉大な思想家ナーガルジュナ(龍樹)に届けたとされています。

チベットでは、ナーガは湖や地下の水脈に棲み、魔法の石や貴重な宝石を守っていると考えられています。また清らかな水と自然環境を守り、それを破壊する者に報復します。

とぐろを巻いたナーガの彫刻（7〜8世紀）

ニーズホッグ

北欧神話の世界観では、地球は大海に囲まれた丸い陸地であるとされます。陸地の中央には、ユグドラシルという巨大なトネリコの木があり、その根は冥界へと通じ、枝は天界へと達しています。ニーズホッグは巨大な大蛇で、ドラゴンのような鱗と爪をもち、世界を脅かそうとユグドラシルの根をかじっています。餌にしているのは死体です。

世界樹ユグドラシルには、ほかの動物たちも棲んでいます。頂上には鷲が暮らし、鹿は枝を食べ、その角から出る液体で大河を生み出し、山羊は乳のかわりに蜂蜜酒を出してオーディンの戦士たちを潤し、すばしこいリスのラタトスクは、樹の幹を行ったり来たりしてニーズホッグと鷲のために伝令の役を果たしています。世界にとって幸運なことに、毎日、3人の賢い女神ノルンたちが、聖なる泉の水をユグドラシルに注ぎ、ニーズホッグがかじった傷跡を元通りにしています。

ウロボロス

ウロボロスとは、自らの尾を食べているように見える円環形の蛇です。世界中の文化のなかで、死と再生の循環や、永遠性や、復活の象徴とされます。

ウロボロスは、紀元前1600年頃のエジプトで初めて登場しました。それは、夜になると地下に沈み、朝になるとふたたび昇る太陽の周回運動をイメージしたものでした。プラトンは紀元前5世紀に、自らを食べる円形のものを、最初の生物として記述しました。これは充足と完全性を象徴しています。2世紀エジプトのアレクサンドリアの錬金術の文書には、対立するもの同士の統合を象徴するものとして、「すべてはひとつ」という文字を取り巻く円環形の蛇が登場します。

北欧の世界観では、ウロボロスは世界を取り囲むヨルムンガンド（58～59ページ参照）と関連付けられています。アステカ文明の神殿では、暦法を作った有翼

の蛇ケツァルコアトル(390〜391ページ参照)のシンボルとして登場します。最近では、カール・ユングなどの心理学者たちが、ウロボロスを自己のあらゆる要素の統合の象徴ととらえています。否定しがちな影の部分をも取り込むことは、心の全体性の実現のために必要な過程とされます。

ウロボロス

混成生物

ここに紹介する混成生物たちは、
ありとあらゆる体の部分同士が合体して生まれたものです。
頭や胴、前脚と後脚、尾、翼、爪、足などが、
思いもよらない無限の組み合わせによって結びつけられています。

キマイラ

キマイラはギリシア神話に登場する幻獣で、テュポンとエキドナの子供です。その体は、いくつかの動物から成り立っています。ホメロスによれば、前方がライオンで、後ろが蛇、まんなかが山羊だとされています。ヘシオドスはさらに、3つの頭をもち、足が速く強靭で、後半身はドラゴンで、山羊の口から火を吐くと記述しています。火山の噴火が頻繁なリュキア（現在のトルコ南部）に棲んでいます。

古典のなかのキマイラ

ホメロスの『イリアス』のなかには、キマイラ退治の逸話が登場します。コリントス王の息子ベレロポンは、人を殺したために故郷を追われます。そしてプロイトス王の丘砦ティリュンスにたどり着きます。王の妻はベレロポンに恋心を抱きますが、求愛を拒絶されると、その腹いせにベレロポンに乱暴されかけたと訴えます。王は自ら客人を殺すのをためらい、ベレロポンを殺すようにと記した封書を持たせ、彼を義父イオバテスのもとに送りました。イオバテスは、それを実行するために、ベレロポンに不可能な使命を与えます。それがキマイラ退治でした。

予言者から、有翼の馬ペガサス（122～123ページ参照）の助けを借りよと助言されたベレロポンは、アテナに祈り、ペガサスを手に入れます。キマイラの頭上を飛び、その息の熱さを知ったベレロポンは、一計を案じます。槍に鉛の塊をとりつけ、空中

からキマイラに突撃して鉛を口の中に投げ込んだのです。鉛はキマイラが吐く炎の熱で溶け、獣は窒息死します。

中世の動物寓意集では、むきだしの自然のもつ、気まぐれで邪悪な力を体現したものとして描かれました。14世紀のダンテの『神曲』には、地獄篇の地獄の描写のなかでキマイラの一種が登場しています。

キマイラ

キャメロパード

はるか昔、エジプトやインド、エチオピアを訪ねた旅人たちは、信じがたいほどに不思議な実在の動物たちの話を携えて帰国しました。ヨーロッパの人々にとっては未知の動物なので、旅人たちは、既知の動物の体を組み合わせてそれを説明したのです。

古代におけるもっとも有名な混成動物のひとつが、キャメロパードです。体に斑点があり、首が長いので、ラクダと豹の混血だと考えられました。昔の旅人たちは、茶色の膚に白い斑点があり、馬のような首と、牡牛のような四肢と、ラクダの頭をもつ、と表現しました。今日では、この動物はキリンであることがわかっています。しかし、14世紀に登場した「キャメロパード」という英語は、19世紀まで使われつづけ、現在でも、キリンの学名は“*Giraffa camelopardis*”といいます。アラビア語では“ziraafa”といいますが、これは「動物の寄せ集め」を意味します。

バロメッツ

未知の動物と同じように、昔の旅人たちは、新奇な植物についてもおなじみの植物を用いて表現しました。綿花は、中央アジアや中東で紀元前3000年もの昔から栽培されていましたが、世界の他の地域の人々にとってはなじみのない植物でした。布の材料となるふっくらとした繊維がとれる植物だと聞いた中世の旅人たちは、羊毛を生やすヒツジの一種だろうと考えました。

バロメッツは、「タタールの植物子羊」とも呼ばれ、小さな実をつけます。実を2つに切ると、それぞれに小さな子羊が入っているといわれました。バロメッツとは、タタールの言葉で子羊を意味します。子羊はへその緒のようなもので茎とつながり、周囲の草を食べます。草がなくなると子羊は去り、やがて植物は枯れます。また、その肉はカニのような味だとされ、人間や狼が食べたともいわれています。

バロメッツ

キュノケファルス

キュノケファルス

ギリシア語で「犬の頭」を意味するキュノケファルスは、伝説の人身犬頭の混成生物です。紀元前5世紀には古代ギリシアの著述家たちによって紹介され、黒い毛に覆われ、馬のような巨大な首をしているとされました。ヘロドトスは、口から火を吐き、吠える生物で、エチオピアに棲んでいると記述しています。マルコ・ポーロは、インド洋の島に棲むとしています。インドに棲むという記録もあります。

東方正教会の伝承では、聖クリストフォロスこそがキュノケファルスだとされ、聖像《イコン》にも、犬の頭をもった姿でこの聖人が描かれます。これはおそらく、聖クリストフォロスが北アフリカのベルベル人の部族「マルマリテ族」の出身であったためと考えられます。この聖人は、巨体で恐ろしい人物とされていました。300年頃、戦争中にローマ人に捕らえられ、キリスト教の洗礼を受けて、やがて自らも教えを説きます。その特異な風貌は、多くの人々を改宗させたにちがいありません。

ティクバラン

ティクバランは、フィリピンの民話に登場する生物です。直立した姿は、長身で強靭な人間の男に見えますが、馬のような頭と蹄をもっています。先端に骨のような指がついた前脚は、腕のように見えますが、地面に付くほど長く垂れ下がっています。

ティクバランは旅人を脅かし、道に迷わせます。旅人の知り合いの声や癖を真似ておびき寄せ、二度と出てこられない森のなかへと誘い込みます。ティクバランから身を守るには、シャツを裏返しに着ればよいといわれます。また、警告を発するか、あるいは相手を脅かさないように静かに森を歩くとよいとされています。飼い慣らすこともできますが、そのためには、ティクバランが疲れ果てるまで乗りつづけ、たてがみのなかの3つの密生した毛の束のうち1本を引き抜いて、魔法の護符にしなければなりません。

グロン

グロンは、スカンジナヴィア民話に登場する生物で、オラウス・マグヌスの『北方民族文化誌』(1555年)に紹介されています。マグヌスによれば、大型犬ほどの大きさで、耳と顔は猫に似て、茶色く長い毛皮に覆われ、短い尾と鋭い鉤爪が生えているとされます。

北の雪原に棲み、他の肉食動物が殺した動物の死肉を食べます。スウェーデン北部ではイェルフと呼ばれます。ものを食べるときの習性が変わっていることで知られています。死肉を見つけると、腹が太鼓のように膨れるまで食べ続けます。そして、並んで生えている2本の木のあいだで膨れた体をこすり、消化を促します。それがすむと、ふたたび死肉を食べ続けるのです。このため、動物寓意集のなかでは、しばしば大食のシンボルとして扱われます。

ブラーク

ブラークは、ムハンマドを乗せて一晩のうちに奇跡の旅をしたという神秘の馬です。細身の白馬で、ロバよりも大きく、ラバよりも小さいとされます。女性の顔をもち、鷲の翼と、クジャクの尾羽を生やしています。ほんのひと飛びで、見渡すかぎり遠くまで行くことができます。アラビア語の“al-buraaq”は、「稲妻」を意味します。

620年頃、ムハンマドは信奉者たちに、大天使ジブリールに導かれて行った旅について語ります。旅の前半部は「イスラー(夜の旅)」と呼ばれ、ムハンマドはブラークに乗り、メッカから「もっとも遠くのモスク」まで行ったとされ、このモスクはエルサレムのアル・アクサ・モスクを指すといわれています。後半部の「ミラージュ(昇天)」では、ブラークはムハンマドを天国と地獄に連れていきました。そこでムハンマドは、アブラハムやモーゼ、キリストなどの過去の預言者と語り合ったということです。

ブラーク

鵺

鵺

鵺は、日本の民話に登場する伝説の生物で、日本のキマイラと呼ばれることもあります。いくつかの動物からなる混成獣で、猿の頭、狸の体、虎の脚、蛇の尾をもちます。黒雲に変身して飛び回ることから、悪運と病をもたらすとされました。

中世日本文学の名作『平家物語』には、鵺にまつわるとくに有名な逸話が語られています。1153年、近衛天皇が悪夢に悩まされ、病に倒れます。病の原因は、夜な夜な御所の屋根の上に現れる黒雲でした。ある夜、武士の源頼政が屋根の警備にあたり、現れた黒雲に向かって矢を放ちます。鵺は死んで地面に落ち、頼政は死骸を海に流しました。

マンティコア

マンティコアは、ペルシア発祥の混成獣です。ファルシ語の“mardkhora”は、「人を殺すもの」を意味します。プリニウスによれば、エチオピアに棲み、赤いライオンの体をしており、顔と耳は人間のもので、歯が3列に並んだ恐ろしい口と、青い目と、先端に毒針が扇形に並んだ尾をもつとされます。

マンティコアの声は、トランペットとフルートを同時に吹いたような響きです。狩りがうまく、尾に付いた毒針を放って獲物をしとめます。不幸なことに、この獣の好物は、人間の肉なのです。中世には動物寓意集に好んで使われ、ユダヤの預言者エレミヤの象徴として、教会の装飾にも用いられました。今日では、インドネシアのジャングルに棲むと考える人もあり、獲物を歯や爪でしとめ、骨ごと丸呑みするといわれています。

ペリュトン

ペリュトンは牡鹿の頭と脚に、鳥の翼をもつといわれています。めずらしいことに、この生物の影は人間の形をしています。そのため、故郷を遠く離れた場所で死んだ旅人の霊だともいわれます。

この記述は、アルゼンチンの作家ホルへ・ルイス・ボルヘス（1899～1986年）による20世紀の傑作動物寓話集『幻獣辞典』に基づいています。ボルヘスが引用したのは、16世紀のフェズ生まれのラビが著した論文で、これはすでに消失しています。そのラビが引用したのは、アレクサンドリア図書館の火事で焼失した、アラビアの著述家による著作だといわれます。

ペリュトンが古代に幻想生物として存在したかどうかを確かめることはできませんが、ボルヘスは、カルタゴ征服に出兵したローマの軍人スキピオとその兵士たちが、ペリュトンの群れに襲われたという物語を記しています。ペリュトンは1匹につきひとりの人間しか殺せないので、兵士の多くは生き延び、ローマ軍は勝利をおさめます。

エアレー

ヨーロッパの伝説に登場するエアレーは、センティコアとも呼ばれ、山羊ほどの大きさの混成生物です。名前は「山の山羊」を意味するヘブライ語の“ya-el”に由来するともいわれています。

エアレーを構成する山羊以外の動物は、文献によってまちまちです。プリニウスによれば、体の色は黒か黄褐色、象の尾と猪の顎をもつとされます。もっとも目立つ特徴は、長いまっすぐな2本の角で、これは防御する方向に合わせ、前後どちらにも動かすことができます。中世の動物寓意集には、色とりどりの斑点と、山羊の頭と、ユニコーンの脚をもった姿で描かれたこともあります。

向きを変えられる角をもつことから、エアレーは「みごとな防御」を意味するものとして紋章にも取り入れられました。イングランドのボーフォート家の紋章には、エアレーのサポーターが使われ、これはケンブリッジのクライスツ・カレッジの入り口の上部にも刻まれています。

エアレー

サテュロス

サテュロス

サテュロスは、ギリシア神話に登場する田園の豊穣をつかさどる精霊たちです。下半身は好色な山羊で、上半身は毛深い人間の男です。顔には、上を向いた動物的な鼻と、とがった耳があり、額には山羊の角が生え、髪には蔦の冠を載せています。

葡萄酒の神デュオニュソスの仲間であり、ともに酒を飲み、踊り、タンバリンやフルートを演奏し、ニンフたちと戯れました。デュオニュソスに捧げられた古代ギリシアの祭典では、サテュロスに扮した男たちが演劇の合唱隊をつとめました。

オウィディウスの『変身物語』のなかで、ニンフのシュリンクスはアルテミスを信奉し、純潔の誓いをたてていましたが、好色なサテュロスにつきまとわれます（注：ここではパン神とサテュロスが同一視されている）。シュリンクスが必死に祈ると、同情した川のニンフが、欲情したサテュロスから逃れさせようと、シュリンクスを葦に変えます。がっかりしたサテュロスは、葦でパンの笛を作り、心に残るメロディを吹き鳴らしました。

クロコッタとレウクロッタ

幻獣の子孫は、その親よりもさらに凶暴になることがあります。エキドナとテュポンの子孫であるこの2匹がまさにそうです。プリニウスによれば、レウクロッタはクロコッタとライオンのあいだの子とされますが、強力な顎を除けば、この2つの生物に共通点はほとんどありません。

クロコッタは狼と犬を組み合わせた姿で、非常に強力な歯と、人の声を真似る能力をもっていて、犬や人間を森のなかに誘い込んで餌食にします。その子供のレウクロッタは、野生のロバほどの大きさで、牡鹿の脚をもち、首と尾と胸はライオンで、頭はアナグマに似ています。双蹄と耳まで裂けた巨大な口をもちます。歯はなく、上下の顎のあいだには、一列に並んだ刃のような骨があります。クロコッタと同じく、人間の笑い声を真似します。この描写はハイエナにあてはまるかもしれません。

貘

貘

人間の役に立つこの混成生物は、日本の民話に登場するもので、その姿は巨大な猪や動物のバクにどこか似ています。言い伝えによると、馬のように引き締まった体に、ライオンの顔、象の鼻と牙、牛の尾、虎の脚をもつとされます。

貘は邪気を払います。発祥地である中国では、貘の毛皮の上で眠ると、悪疫を防げると信じられ、貘をかたどったものは強力な魔除けとして用いられます。日本では、悪霊がもたらした悪夢を食べる動物として有名で、悪夢を見たときには、「貘食え」と3回唱えます。呼び出された貘は、邪気を飲み込み、凶兆を吉兆に変えてくれます。眠りを守ってもらうために、貘という漢字を枕に書くこともありました。

アウィツォトル

アウィツォトルはメキシコのアステカ民話に登場する伝説の生物です。名前はアステカの言語ナワトル語で「水の怪物」を意味します。小さい犬ほどの大きさで、なめらかでつるつるとした黒い体に、類人猿の顔と、物をつかむことのできる猿のような指をもちます。尾の先端には人間の手がついています。

漁師の悩みの種で、魚のふりをして人間を水際まで誘い、尾の先についた手でつかんで深みへと引きずり込みます。3日後、犠牲者の遺体はほぼ無傷なまま水面に浮かび上がりますが、眼球と歯と爪だけがなくなっています。それらは、アウィツォトルが大好きなご馳走なのです。ナワトル語とスペイン語で書かれた16世紀のアステカ伝承集の写本『フィレンツェ絵文書』によれば、アウィツォトルは、獲物を捕まえそこねると、赤ん坊のように泣くとされています。

伝説の生物

これらの生物は、普通の動物たちよりも大型で、
獰猛で、恐ろしく、不思議な存在です。
伝説の英雄によって退治されるものや、魔法のような能力をもつもの、
あまりの恐ろしさに、現在でも人々をパニックに陥れるものもいます。

クー・シー

クー・シーはスコットランド高地地方に伝わる妖精犬です。牛ほどの大きさの犬で、暗緑色の毛むくじゃらの体に、編んだような、巻いた尾を生やしています。

クー・シーは岩の裂け目に棲んでいます。また、その巨大な足跡が、泥や雪や砂のなかで発見されています。スコットランドのハリス島のルスケンタイアでは、この妖精犬が海岸に残す足跡は、砂浜の真ん中でぷっつりと途切れているといわれます。

普段は霧に包まれた荒野でひっそりと狩りをしていますが、その鳴き声は大きくて恐ろしく、はるか遠くまで響きわたり、海上の船からでも聞こえることがあります。クー・シーが3回鳴くと、女性たちは用心して扉の鍵をかけます。妖精の赤ん坊に乳を与えるために、授乳中の母親をさらうとされるためです。

フェンリル

フェンリルは、北欧神話に登場する巨大で邪悪な狼です。姿は狼ですが、とてつもなく大きく、口を開けば上顎が天にも届くとされています。

フェンリルとその子孫が世界を破壊するという予言が下されたため、神々はフェンリルを檻に閉じ込め、ドヴェルグの作ったグレイプニルという魔法の鎖で縛りつけました。グレイプニルは、6つの奇妙な材料（猫の足音、山の根、女の顎鬚、魚の息、熊の腱、鳥の唾液）で作られています。いくらもがいても、フェンリルは鎖を引きちぎることができません。北欧神話の軍神テュ

フェンリル狼を縛る
代償として手を失う
テュール神

ールは、神々のなかでただひとり、勇敢にもフェンリルの口のなかに手を差し込みます。縛られた腹いせに、フェンリルはテュールの手を食いちぎります。世界の終末ラグナロクには、フェンリルはこの鎖を断ち、巨人の軍勢とともに神々と戦います。

アメリカ民話の生物

アメリカの民話に登場する伝説の生物のなかでとくに有名なものは、ワンパス・キャットとジャージー・デビルとジャッカロープです。

ワンパス・キャット

ワンパス・キャットという巨大な猫は、クーガーと人間の女を合わせたような姿をしていて、テネシー州東部の森のなかをうろついています。チェロキー族の伝説によると、ワンパス・キャットはかつて美しい先住民の女でした。ある夜、その女は岩陰でクーガーの毛皮に隠れて、焚火のそばで男たちが語る神話を立ち聞きします。それを見つけたまじない師が、神話を盗み聞きした罰として、女を奇怪な猫の姿に変えました。現在でも丘や森をさまよい、運命を呪って鳴き、復讐の機会をうかがっているといいます。

ジャージー・デビル

ジャージー・デビルは2本脚の空飛ぶ生物で、馬の頭と、悪魔のような長い首と翼と尾をもちます。ニュー・ジャージー州南部の沿岸部にあるパイン・バレンズという森林地帯に棲んでいます。この生物は、18世紀、パイン・バレンズに暮らしていたデボラ・スミス・リーズの13人目の子供として生まれました。母親が出産のときに胎内の子供を呪う言葉を言ったため、生まれた子供は双蹄で、鉤爪と尾が生えていました。1909年1月の恐怖の1週間には、数千件もの目撃証言が寄せられ、全米が集団ヒステリーに陥りました。

ジャッカロープ

ワイオミング州に棲むジャッカロープは、小型の鹿と殺人ウサギの混血だといわれています。アメリカ西部の多くの町では、これの剥製が飾られています。ジャッカロープは乳に薬効があると伝えられますが、人間の声を真似して人々をおびき寄せ、道に迷わせるともいわれます。また、雹の降る雷雨にしか繁殖できないため、数が少ないのだそうです。興味深いことに、16世紀から18世紀にかけて、ヨーロッパの博物学者のなかには、角のあるウサギの存在を信じ、珍奇なものを集めた書物に紹介した人たちがいました。

ジャッカロープ

グリフィンとヒッポグリフ

グリフィンはもっとも有名な伝説上の動物のひとつです。鷲とライオンが合体したもので、メソポタミアやエジプトでは紀元前3300年から知られていました。グリフィンと牡馬がつがいになって誕生したのが、ヒッポグリフです。

グリフィン

多くの場合、グリフィンは体がライオンで、鷲の頭と翼、脚、鉤爪をもつとされます。獣の王であるライオンと、鳥の王である鷲の子供であることから、非常に強力で威厳に満ちた生物とされます。

伝説によれば、アレクサンドロス大王（紀元前356〜323年）は8頭のグリフィンに車を引かせ、天国へ昇ったとされています。ド

グリフィン

ラゴンと同じく、グリフィンは財宝の番人だといわれ、宝を奪うものに対してはとくに獰猛になるとされます。動物寓意集にも頻繁に描かれ、紋章に用いられるときと同様、堂々たる勇気を象徴します。中世のキリスト教文化のなかでは、大地の獣と空の鳥を合わせたものとして、キリストの人間性と神性の統合の象徴とされました。このため、しばしば教会の彫刻に用いられました。

ヒッポグリフ

ヒッポグリフ

グリフィンは馬が大好物なので、この両者がつがいになり、子供が生まれることは、ありえないほど稀なことです。中世ヨーロッパの民話では、ヒッポグリフは、馬とグリフィンを組み合わせた姿であるとされました。グリフィンと同様、鷲の頭とくちばし、鉤爪、羽毛に覆われた翼をもちますが、その他の部分は馬の姿をしています。

ヒッポグリフは中世の詩や寓話に好んで用いられました。16世紀のイタリアの作家ルドヴィコ・アリオストの叙事詩『狂えるオルランド』にも登場します。稲妻のように速く翔ける駿馬として、魔法使いアトランテにつかえ、物語の英雄たちを乗せて多くの乙女たちの救出へむかいます。現代では、『ハリー・ポッター』シリーズにバックビークというヒッポグリフが登場し、新たな関心を集めています。

クエスティング・ビーストと白い牡鹿

アーサー王にまつわる伝説には、多くの幻想生物の物語が登場します。凶事を暗示するものや、すばらしく神秘的なものなどさまざまですが、ここではクエスティング・ビーストと白い牡鹿を紹介します。

クエスティング・ビースト（吠える獣）

この奇怪な混成動物は、頭と首は蛇、体は豹、尻はライオンで、脚は牡鹿です。クエスティングという言葉は、探求という意味ではなく、獲物を追う20対の猟犬の吠え声のような音をたてることから来ています。

サー・トーマス・マロリーの『アーサー王の死』（1485年）では、アーサー王が異父姉のモルゴースと、姉弟であることを知らずに情交したあとに、この獣が登場します。ふたりの息子モルドレッドは、結果的にアーサー王を死に追いやります（261ページ参照）。獣の探求に情熱を傾けたのはサー・ペリノアで、一生を賭けて獣を追っているとアーサー王に語ります。マーリンは、この獣が王家の兄妹のあいだに生まれた不義の子供だと告げます。その段階では、アーサー王は自分も近親相姦の罪に陥ったことに気づいてはいませんが、読者は、この獣がアーサー王国の滅亡を予言するものだと理解するのです。

白い牡鹿

白い牡鹿もまた、アーサー王物語の騎士たちが探求した獣です。アーサー王とグィネヴィアの婚礼の最中、不思議な白い牡鹿が広間に侵入し、円卓のまわりを回ります。その後を60頭の黒い猟犬と1頭の白い犬が追います。騎士のひとりが白い犬を連れ去ると、馬に乗った貴婦人がやって来て、白い犬は自分のものだと抗議します。武装した騎士がその貴婦人を連れ去ると、マーリンは、この不思議な出来事を軽視してはならないと告げます。それは、騎士道と恋愛の両方の面で、大冒険が始まることを予兆していたのです。中世の伝説において、白い牡鹿の出現は、つねにこのような冒険を象徴していました。“hart（牡鹿）”と“heart（心）”の語呂合わせは、たとえば「騎士が貴婦人のハートを仕留めた」という具合に、宮廷恋愛劇ではよく使われました。

白い牡鹿

ペガサス

ペガサスはギリシア神話に登場する空飛ぶ馬で、通常は華麗な翼の生えた威厳ある白馬として描かれます。もっとも一般的には、蛇の髪をもつ女神メドゥーサが、英雄ペルセウスに首を切り落とされたときに、その切り口から生まれたといわれます(232～233ページ参照)。誕生したペガサスは、豊かな表現力の源である女神ムーサたちの住むヘリコン山へ飛んでいきます。ペガサスが蹄で地面を蹴ると、そこから泉が湧き出ました。ヒポクレネ(馬の泉)と呼ばれるその水は、詩的なインスピレーションをもたらすと信じられています。

ペガサスに乗ってキマイラを退治したベレロポンの話はすでに述べました(98～99ページ参照)。彼はその功績を誇るあまり、オリュンポス山へと昇り、神々に加わろうとします。しかしペガサスは傲岸な英雄を背から振り落とします。ペガサスは、死後に星座となり、不滅の存在となりました。

スレイプニル

スレイプニルは北欧神話の主神オーディンが乗っていた8本脚の馬です。俊足で恐れを知らず、ひと駆けではるか遠くまで進み、オーディンを乗せて天上を四方八方へと駆け回りました。

この生物の誕生には、次のような逸話が残されています。石工に化けた岩の巨人が、神々の住むアースガルズの城壁を6ヵ月で修理する仕事を引き受けました。その報酬として、神々は女神フレイヤと太陽と月を石工に与えると約束します。飼い馬のスヴァジルファリの助けを借りた石工は、めざましい早さで仕事を進め、神々は本当に報酬を支払わねばならないかと慌てます。そこで、トリックスターのロキ神が牝馬に化け、スヴァジルファリを誘い出します。工事が間に合わないとわかり、怒った石工は巨人の姿に戻ります。そこをトール神が槌で一撃して殺します。数ヵ月後、ロキはスヴァジルファリとのあいだに生まれた子馬をオーディンに贈りました。それが、8本脚の不思議な馬スレイプニルでした。

ペガサス

ケンタウロス

ケンタウロスは、ギリシア神話に登場する有名な半人半馬の種族で、一般に、馬の体と脚の上に、人間の上体と頭をもつものとして描かれます。

ギリシアの著述家の多くは、ケンタウロスを野蛮で、好色で、短気で、酒好きだと表現しています。ラピテス族の王ペイリトオスの婚礼の宴では、ケンタウロスの一群が酒に酔って花嫁や女の客たちを略奪しようとします。これが戦いの引き金となり、多くのケンタウロスが殺されました。

ケンタウロス

起　源

ケンタウロスの起源には、いくつかの説があります。幾人かのギリシアの著述家によれば、ペイリトオスの父イクシオンと、女神ヘラの姿をした雲のニンフ、ネペレーのあいだに生まれたとされます。また、アポロン神の息子であるケンタウロスと、マグネシアの牡馬とのあいだの子であるともいわれます。さらに、ゼウス神が馬に変身し、イクシオンの妻ディアと交わって生まれたという説もあります。

ケイロンとアキレウス

ケンタウロスのなかにも人格者として知られるものはいますが、野蛮でないケンタウロスは例外的な存在でした。温厚なケンタウロスのポロスは、英雄ヘラクレスをもてなしたとき、酒を所望されて、断ることができませんでした。しかし瓶の蓋を開けるやいなや、近くにいたほかのケンタウロスたちが、酒の香りに興奮して押し寄せ、ヘラクレスに襲いかかります。ヘラクレスはこれを毒矢で撃退します(329ページ参照)。

ケイロン

ケイロンは、もっとも高潔なケンタウロスで、博識と医術の技をもつことで崇拝を集めました。多くの英雄たちの師をつとめ、そのなかには、トロイア戦争の勇者アキレウスや、アルゴナウタイを率いて金の羊毛を探求したイアソンや、ギリシア世界でもっとも有名な医師アスクレピオスがいました。ケイロンは彼らに、手術の方法や、薬や呪文や秘薬の使い方を伝授しました。

水辺の生物

水辺の生物のなかには、気まぐれで、人間に危害を加えるものもいます。マーメイドやその他のマーフォークは、世界中の海のなかに隠れ棲み、魔法のように変身して陸上で暮らすことがあります。この世のものとは思えないほど愛らしいものもいれば、獰猛で恐ろしいものもいます。そのほか、ネレイスやナイアスたちは、人間に親しみをもち、出会った人間を保護し、傷を癒やすとされます。

マーメイド

マーメイドは、太古の昔から世界中の神話に登場してきた伝説の水棲生物です。男性のマーマンも登場しますが、ほとんどの文明のなかで、女性のマーメイドのほうがより際立った存在です。

女神としての要素

地中海沿岸の古代文明においては、マーメイドは女性の半神とみなされ、生命の源である海と結びつけられて、沿岸部の神殿にまつられていました。最古のマーメイド伝説は、紀元前1000年頃のアッシリアに見られます。アッシリアの巫女アタルガティスは、不都合な妊娠を恥じて海のなかへ飛び込み、魚の尾をもつ女神としてふたたび現れました。2世紀のギリシアの歴史著作家ルキアノスは、ヒエロポリス（現在のトルコ）の神殿に飾られたこの女神の像には、足のかわりに魚の尾がついていた、と書いています。ギリシア神話では、愛の女神アフロディーテは海の泡から生まれ、貝殻に乗って陸にたどり着きます。

1世紀には、プリニウスがマーメイドは実在すると書いていますが、その描写は「全身がざらざらとして、鱗に覆われている」

というものでした。しかし5世紀の動物寓意集『フィシオロゴス』には、現代のイメージとまったく変わらないマーメイドの記述が見られます。そこには「臍から上は美しい乙女で、臍から下は魚である」とされています。

船乗りを誘惑

中世には、船乗りたちがマーメイドをたびたび目撃し、クリストファー・コロンブスも、1493年のアメリカ大陸への初航海で、3人のマーメイドを見たと記しています。このような目撃談の影響で、マーメイドは船乗りたちのあいだで、特別な存在として語り伝えられていきます。なかでも繰り返し語られた逸話は、マーメイドが孤独な船乗りを誘惑し、海の底の王国へと引きずりこむというものでした。また、嵐を呼び、船を難破させるともいわれました。中世の教会では、このような考えをより発展させ、マーメイドを虚栄と、欲望と、女性の魂の危機と、性衝動の象徴としました。

マーメイド

ネレイスとナイアス

古代ギリシアでは、海のなかにも幻想生物が棲むとされました。ギリシアの創世神話では、陸地を囲む海流であるオケアノスと、豊穣の海であるテテュスは、深海を守る3000人の娘たちをもうけました。そのなかのひとりドリスと、海の老神ネレウスとのあいだに、ネレイスと呼ばれる娘たちが生まれました。ナイアスもこれに似た生物で、泉や湖や川などの淡水に宿りました。

ネレイス

この美しい裸体の娘たちは、イルカやシーホースなどの海洋生物に乗り、エーゲ海やその他の海を泳ぎまわりました。古代の記述によれば、尾びれはもちませんでしたが、マーメイドと同じものと考えられていました。後世のマーメイドと違い、ネレイスは親切で、船乗りたちを守りました。また嵐を予言したり、船乗りたちをよい漁場へ導いたりしました。

もっとも有名なネレイスは、勇者アキレウスの母であるテティスと、キュクロプス（単眼の巨人）のポリュペモスに愛されたガラテアのふたりです。

ハンサムな羊飼いの若者を愛するガラテアが、ポリュペモスの求愛を断ると、怒ったポリュペモスは若者に巨岩を投げつけ、下敷きにしてしまいます。悲しんだガラテアは、死んだ恋人の血を川に変えました。

ナイアス

ネレイスと見た目は似ていますが、ナイアスは泉や、川や、小川や、わき水などの淡

ネレイス

水に棲んでいます。マーメイドと同じく、ナイアスは水と強く結びついています。体が乾くと、消え去ってしまいます。民間信仰のなかでは、しばしば豊穣の女神として崇拝されていました。ナイアスが守護する水には、傷を癒す力や、予知能力を授ける力があるとされています。

ネレイスとは違い、ナイアスは人を危険や誘惑にさらすことがあります。イアソンに率いられて金毛の羊を探したアルゴナウタイの一員であるハンサムなヒュラスは、小アジアの泉に棲むナイアスにさらわれ、忽然と姿を消しました。

ヨーロッパ一帯の川や泉や聖なる井戸に棲む女の精霊は、ナイアスを起源としています。たとえば、ドイツのラインの乙女や、スイスのニクス、フランスのメリュジーヌ、ケルトの聖なる井戸の精などがこれにあたります。

セルキー

セルキーは、アイルランドやスコットランド、アイスランドの民話に伝わる伝説の生物です。一般に、人間(とくに美女)に変身することができるアザラシであると考えられています。"selch"とは、スコットランドのオークニー諸島の方言でアザラシを意味します。

セルキーにまつわる逸話は、ほとんどが悲恋の物語です。ひとりものの漁師が、毛皮を脱いで岩の上で干していたセルキーの群れに出会います。男がひとりのセルキーの毛皮を盗んだため、そのセルキーは陸に上がって人間になり、男の妻になります。ふたりのあいだには、手足に水かきのある子供が生まれたともいわれますが、セルキーはいつも自分の毛皮を探していました。そしてついに毛皮が見つかり、セルキーは夫を置き去りにして海に逃げました。また別の伝説では、孤独な漁師の妻が海に7粒の涙をこぼすと、ハンサムな男のセルキーが波間から現れ、妻を抱くといわれています。

セルキー

セドナ

セドナは北極圏に住むイヌイットが信仰する荒々しい海の女神で、アザラシやクジラなどの哺乳類をはじめとした海洋生物を支配しているといわれます。一説によれば、セドナは巨大なマーメイドであり、アザラシの下半身と尾に、女の顔をもち、もつれた長い髪を生やしているとされます。

毎年、イヌイットのシャーマンが海にもぐり、セドナの髪を梳いて機嫌をとり、豊漁を願います。

もとは美しい人間の娘だったセドナですが、邪悪な鳥の精霊にだまされて結婚を強いられます。父親が助けに来ますが、ふたりが家を目指してカヤックを漕いでいるところへ、怒った鳥の精霊が激しい嵐を起こします。恐れをなした父親は、セドナを荒れ狂う海へと突き落としました。セドナがカヤックにしがみつくと、父親はその指を切り落とします。その指はクジラやアザラシなどの海の生物になり、セドナはその女主人となりました。そしてセドナの怒りは、激しい嵐を引き起こすといわれます。

人　魚

　人魚は日本語で「人の魚」という意味で、日本の民話に登場するマーメイドの一種です。古い書物には、猿のような口と、輝く金の鱗と、笛の音色のような声と、人間の顔をもつとされています。人魚を食べると不死の存在になるといわれます。

日本には、人魚を捕まえてその肉を焼き、客にふるまった漁師の話が伝えられています。客のひとりが、人面の魚を食べるのを恐れ、出されたものを紙に包み、持ち帰って捨てました。しかし男が酔いつぶれているあいだに、男の娘がその肉を食べてしまいます。父親は最初のうち心配しますが、娘に変わった様子はありません。ただ、結婚してからも年をとらず、夫が年老いて亡くなったあとも、若さを保ち続けました。結婚と死別を何度繰り返しても、あいかわらず年をとらないその娘は、やがて尼になり、教えを説きながら放浪を続け、800年生き続けました。

ヨークヨーク

オーストラリアの先住民は、聖なる池に棲む女の精霊を崇拝しています。ヨークヨークと呼ばれるその精霊は、多くの場合マーメイドに似た若い娘の姿で、魚の尾と、海草や藻のような長い緑の髪を生やしています。海草や緑の藻が水面に筋をなして浮かんでいると、ヨークヨークの髪だといわれます。

ギリシアのナイアスと同じように、ヨークヨークは豊穣の精霊です。ヨークヨークの棲む池のそばに行っただけで、女性は妊娠するといわれます。命の源である水と縁深いことから、雨を降らせて飲み水を恵み、作物の成長をもたらすとされます。しかし、機嫌が悪いと、激しい嵐を起こすともいわれます。シェイプシフターでもあり、ワニやメカジキや蛇に変身することがあります。足を生やし、夜な夜な陸を歩くこともあれば、翼を生やして、トンボのように空を飛ぶこともあります。マーメイドと同じように、人間と結婚もしますが、ヨークヨークが水の世界に帰ると、結婚生活は終わります。

先住民のなかには、ヨークヨークが創世の精霊である虹蛇(67ページ参照)のンガルヨッドの娘だと考える人もいます。また、両者は同じひとりの神のふたつの側面だという人もいます。

マーミ・ワタとジェング

マーミ・ワタとジェングは、アフリカやカリブ海、南北アメリカの一部で崇拝されている女性の水の精霊です。

マーミ・ワタ

古い神話によると、マーミ・ワタはマーメイドで、上半身が女性、下半身が魚か爬虫類だとされます。人間の女性の姿で現れるときには、優雅で非常に美しく、きらめく瞳と並外れて明るい肌をもち、最新流行の魅力的な服を着て、輝く宝石をたくさん身につけています。髪は非常に長く、いつも金の櫛で梳かしています。マーメイドの姿のときも人間の姿のときも、時計や櫛や鏡などの高価な小物をたくさんもっています。多くの場合、大蛇を従えていますが、蛇はアフリカの多くの文化のなかで、サイキック・パワーや神性の象徴とされています。

ほかのマーメイドと同様、マーミ・ワタは人間に対して気まぐれな態度をとります。伝説によると、水泳中の人間をさらって水中の棲み家に連れて行き、自分を崇拝することを誓わせてから解放するといわれます。同様に、強い引き波を起こして海岸で泳ぐ人間を殺すとも信じられています。その一方、自分を崇拝する者には、物質的な富や精神の充足をもたらすともいわれます。マーミ・ワタをまつった神殿では、聖なるシンボルカラーである赤と白を身に着けた信者たちが、踊り続け、憑依したマーミ・ワタの霊から助言と祝福を授かります。

ジェング

カメルーンでも、マーミ・ワタと似た水の精霊が信仰されています。ジェング(複数形ミェング)というマーメイドに似た美しいこの生物は、縮れた長い髪を生やし、すきっ歯を見せて笑うとされます。川や海を棲み家にしています。慈悲深い性格で、信者同士の伝言や、精霊界へのメッセージを伝えてくれるといわれます。また、病気を治すほか、信心深い者には幸運を授け、伝染病から守り、競争に勝たせ、好天をもたらします。

マーミ・ワタ

魚と大海蛇

古代には、海のなかにも数々の架空の魚や大海蛇が棲んでいました。
海神を背に乗せるものもいれば、島ほどの大きさがあり、
船を難破させるものもいました。はるか昔から水中深くに棲むこれらの
生物のなかには、自分を捕らえた人間に太古の知恵を授けるものもいます。

マカラ

マーメイドが半人半魚であるように、ヒンドゥー教の神話に登場するマカラは、海に棲む半獣半魚の生物です。マカラという言葉は、得体の知れないごちゃまぜの生物を意味します。

ヒンドゥー教の寺院を守る彫像に見られるように、しばしば魚かアザラシのような体に、象の頭をもつものとして描かれます。そのほか、頭と顎はワニで、鼻は象、魚の鱗にクジャクの尾という姿の場合もあります。

ヒンドゥー教の神話のなかでは、水の神ヴァルナや、ガンジス川の神ガンガの乗り物とされました。秩序が生まれてはまた戻っていく「混沌」を象徴する生物です。世界の維持神であるヴィシュヌ神の耳飾りは、1対のマカラをかたどったものです。

ヒッポカンプ

ヒッポカンプも海の混成生物で、ギリシアやフェニキア、エトルリアの神話に登場します。「シーホース（海馬）」とも呼ばれ、前半身が馬で、後半身は鱗のあるぐねぐねとした魚です。

ローマ時代のモザイク画には、緑の鱗をもつものとして描かれました。イングランドの温泉の町バースの古代浴場にもその絵が見られます。ギリシアの海神ポセイドンは、ヒッポカンプが引く馬車に乗って波間

を走る姿で描かれることが多く、またネレイスもしばしばヒッポカンプの背に乗ります。ローマのトレビの泉には、ネプチューン（ポセイドン）の馬車を引く翼の生えたヒッポカンプの姿が刻まれています。

ギリシアの伝説によれば、イアソンとアルゴナウタイが金の羊毛を探して道に迷っていたとき、ポセイドンの馬車から解き放たれたヒッポカンプが海から出現し、砂漠を駆けていくのを見て驚嘆したとされます。その出来事は、船をかついでヒッポカンプの後を追い、次の入り江を目指すようにとアルゴナウタイに告げていたのです。

ヒッポカンプ

バニップ

バニップは、オーストラリア先住民の伝説に登場する奇妙な淡水生物です。さまざまな説がありますが、たいていは馬のような尾と、ひれと、牙と、黒っぽいぼさぼさの毛皮を生やしているといわれます。川や湖や湿地やよどみに棲んでいます。巣穴を守るために、血も凍るような叫び声をあげ、侵入者を餌食にします。人間が子供のバニップに危害を加えると、母親は大洪水を起こすともいわれます。バニップの鳴き声を聞くと、先住民は水辺を避けます。19世紀には、オーストラリアへの移住者が多くの目撃報告を残しています。1890年には、メルボルン動物園が、ヴィクトリア州付近で何度も目撃されていたバニップの捕獲を試みましたが、失敗に終わりました。未確認動物学者たちの注目も集めていて、彼らによれば、先史時代の有袋類の子孫ではないかとされます。しかし、先住民にとっては、バニップはドリームタイム（口伝による創世神話）の精霊なのです。

アダロ

アダロ

アダロはソロモン諸島の神話に登場するマーマンに似た邪悪な海の精霊たちです。死者の魂の邪悪な面が形になったものとされ、姿は人間に似ていますが、耳の後ろにエラがあり、足のかわりにひれがあり、背びれは鮫のようで、額にはメカジキのような角があるとされます。

太陽に棲み、虹を伝って地球とのあいだを行き来しているといわれます。また天気雨や竜巻に乗って移動することもあります。危険な存在で、毒のあるトビウオで首を刺して人間を殺します。一族の長はンゴリエルといい、サン・クリストバル島に棲むといわれます。ンゴリエルが出没する場所では、カヌーを静かに漕ぎ、声も潜めて、気づかれないように注意します。その一方で、人間の夢に現れ、新しい歌や踊りを教えてくれることもあります。

河童

河童は日本の民話に登場する水の妖怪です。日本語で「河の童」を意味するとおり、小さい子供ほどの大きさで、緑色の鱗に覆われた体は、カエルや亀に似ています。手足には水かきがあり、首から上は猿かアヒルのようです。

河童の力の源は、頭頂部の水が溜まった皿にあります。皿から水がこぼれると、河童は弱り、死ぬこともあります。河童を負かすには、深くお辞儀をします。すると河童もお辞儀を返し、皿の水がこぼれます。

伝説によれば、河童は川や池で泳ぐ子供を捕まえて喰らいます。子供を守るために、親はきゅうりに子供の名前を書いて、河童への捧げものとして池に投げ入れます。河童が子供よりも好んで食べるのは、きゅうりだけだからです。きゅうりを巻いた寿司を「かっぱ巻き」と呼ぶのは、この民間信仰によります。

グリンディロー

グリンディローは、薄い緑色をした水の魔物で、イギリスの湖底の藻のあいだに棲んでいます。ヨークシャーの民話によると、外見は人間に似ていて、長い腕と、細く長い指と、とがった小さな角と、小さな緑の歯をもつとされます。

日本の河童と同様に、池や沼に近づきすぎた子供を長い腕でつかみ、水のなかに引きずり込んで喰らうとされます。最近では、『ハリー・ポッターと炎のゴブレット』のなかで、ホグワーツのそばの湖に棲む幻想生物として描かれるなど、現代文学にも登場しています。

イギリスの他の地域でも、似たような水の魔物がハッグ（女の妖怪）として出没し、いずれも緑の肌に、海草のような髪、鋭い歯をもつとされます。イギリス北部のティーズ川のペグ・パウラー、ランカシャーの緑の牙のジェニーなど、これらの存在は、子供たちに水遊びの危険を教えるために生み出されたものかもしれません。

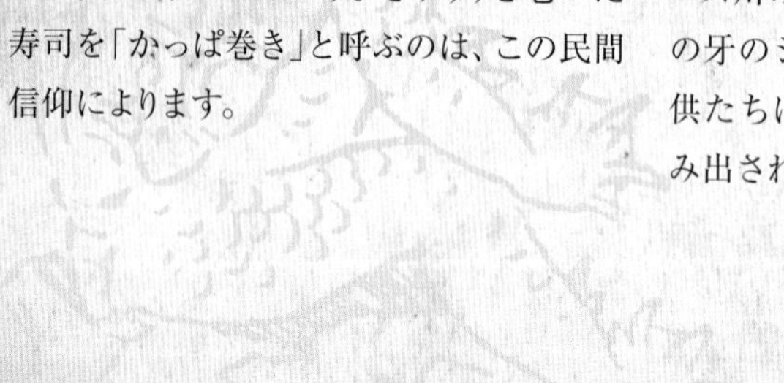

グリンディロー

ビショップ・フィッシュ

ビショップ・フィッシュ

中世ヨーロッパの民話に登場する海の生物のなかで、とりわけ奇妙なものがビショップ・フィッシュで、これは別名「シーモンク」や「シービショップ」とも呼ばれます。巨大な魚のような姿ですが、尾びれが長靴を履いた漁師の足のように見え、胸びれは鉤のついた指に似ています。頭は司教の冠のように円錐形をしています。スイスの博物学者コンラッド・フォン・ゲスナーの『動物誌』(1551～1558年)には、この生物がイラスト入りで紹介されています。

1531年には、ポーランドかドイツの海で捕獲されたと伝えられています。司教たちの元へ運ばれたビショップ・フィッシュは、鉤爪のような手で、逃がしてほしいと合図しました。司教たちが聞き入れてやると、ビショップ・フィッシュは十字を切って、海のなかへ消えました。1850年代初頭には、デンマークの動物学者ヤペトス・ステーンストルプが、捕らえられたビショップ・フィッシュは、巨大なイカだったという説をとなえ、両者を比較したイラストを発表しました。また、その正体はカスザメやセイウチやズキンアザラシだと考える人もいます。

ケートス

ケートスは、古代から知られる巨大な海の怪物です。旧約聖書に登場する海の怪物リヴァイアサンや、バビロニアの英雄マルドゥクに退治されるティアマト(282～283ページ参照)と密接な関係にあります。犬かドラゴンに似た頭をもち、クジラやイルカのような膨らんだ胴体に、扇型の大きなひれがついています。ヘブライ人やアラブ人の天文学者は、南の空に見えるクジラの形をした星座を、この生物と結びつけました。

ギリシア神話では、ケートスはポセイドンがフェニキア人の王国を破壊するために送り込んだ海の怪物でした。王妃カシオペイアが、自分は女神ヘラよりも美しいと自慢したために(注:一般的には、ネレイスより美しいといったとされる)、ヘラの夫ゼウスの兄であるポセイドンの怒りを買ったのです。神託によれば、ケートスを鎮めるには、カシオペイアの娘アンドロメダを生贄にするしかありません。アンドロメダは海岸の岩に鎖でつながれ、怪物に捧げられました。しかしそこへ、メドゥーサ退治を終えて帰郷中のペルセウスがペガサスに乗って通りかかり、アンドロメダを救い出し、妻にしたのです。

クラーケン

クラーケンはノルウェーと北スカンジナヴィアの伝説に登場する海の巨大生物です。小島ほどの大きさのあるタコやイカに似た生物で、腕で船に巻きつき、海中に引きずり込むことができるといわれます。さらに、クラーケンが水に沈むときに生じる強力な渦巻きも危険なもので、腕から逃れられたとしても、これに巻き込まれて難破してしまいます。

17世紀から18世紀には、クラーケンは実在の生物とも架空の生物ともいわれていました。船乗りたちのほら話がクラーケンの伝説をふくらませ、詩人アルフレッド・ロード・テニスンは、「クラーケン」(1830年)のなかで、これを世界の終末に深海から現れるという神話のリヴァイアサンになぞらえました。しかし、1782年に起きた10隻の英軍艦の失踪事件がクラーケンの仕業だとする説は、のちに誤りであると証明されました。1857年になって、巨大イカが実在する証拠が発見され、クラーケンは神話の世界から現実の世界へと棲み家を移しました。

クラーケン

ボト

エンカンタード

エンカンタードは、ブラジル・ポルトガル語で、「魅惑されるもの」を意味します。南米の民話では、この言葉はエンカンテと呼ばれる水中の楽園に棲む生物のことを指します。もっともよく知られたものはボトと呼ばれ、これはアマゾン川に棲む大きくて原始的な姿のイルカで、人間に変身する能力をもつといわれます。

ハンサムな若者に変身したボトが、娘を誘惑して身ごもらせ、川に帰ってイルカの姿に戻ったという言い伝えが、数多く残されています。また、愛する人間や、その人間とのあいだに生まれた子供をさらい、水中の国に連れていくとも信じられています。音楽とパーティーを好むため、ときどき人間に変身して祭に参加します。人間に化けるときは、帽子をかぶって特徴的なイルカの額を隠します。また、嵐を起こしたり、人間を「魅惑」して、意のままに操ったりするともいわれます。

知恵の鮭

古代のケルト人は、毎年産卵と受精のために帰郷する鮭の姿に、神秘の力を見出していました。吟遊詩人たちは、回帰する鮭に、叡智を秘めた物語を繰り返し語る自分の姿を重ね合わせました。

知恵の鮭（ゲール語ではbradán feasa）は、アイルランド神話のフィアナ物語群に登場します。これは、伝説の英雄フィン・マックールの偉業を語った物語や詩で構成されています。

1匹の普通の鮭が、知恵の泉（ボイン川やシャノン川を生み出した源泉）を泳いでいました。知恵の泉のまわりには9本のハシバミの木が育ち、そこから9粒のハシバミの実が水のなかへ落ちました。その実を食べた鮭は、世界中の知恵を授かりました。この鮭を最初に食べた人間は、この知恵を受け継ぐことができるとされました。

知恵を授かる

ドルイド僧の詩人フィネガスは、7年ものあいだボイン川のほとりで知恵の鮭が釣れるのを待っていました。ようやく魚が捕まり、フィネガスは弟子のフィンに料理を命じます。調理しているとき、鮭の脂がフィンの親指にはねました。熱さのあまり、フィンが指をくわえると、鮭が少し口に入りました。料理した鮭を運んできたフィンの顔つきをひと目見て、フィネガンは何が起きたのか悟ります。

鮭を食べて知恵を授かったフィンは、アイルランド神話の有名な英雄たちであるフィアナ騎士団のリーダーになりました。鮭の授けた知恵のなかでとくに優れていたものは、魔術と偉大な洞察力と詩才でした。鮭に魔法の力があると人々が考えたのは、その鱗が見事な虹の色をしているためかもしれません。窮地に陥ると、フィンは親指をくわえて、いつでも知恵を呼び出すことができました。

知恵の鮭

空の生物

空を飛ぶ鳥たちは、架空のものも実在のものも含め、
多くの文明の神話に登場します。フェニックスがその代表ですが、
ほかにも驚異的な鳥がたくさんいます。
象を持ち上げられるほど怪力なものや、悪魔と勇敢に戦うもの、
さらには天候を左右する魔力によって、大洪水を起こしたり、
真冬に1週間の晴天をもたらしたりするものもいます。

フェニックス

空飛ぶ幻想生物のなかでもっとも有名なフェニックスは、古代エジプトで誕生しました。その伝説は、ギリシアやローマの著述家たちや、中世の動物寓意集の編纂者たちによってさらに詳細に語り継がれていきました。

エジプト神話

エジプトではベンヌとして知られ、2本の冠羽をもつ脚の長い灰色のサギとしてヒエログリフに表されています。死後に再生をとげたオシリス神の冠をかぶっているものもあります。太陽の町ヘリオポリスの神話によれば、ベンヌは太陽神ラーの魂であり、太陽の昇没や、年に一度のナイルの氾濫や、生と死と復活の循環を象徴するものでした。ベンヌという名前は、上昇や輝きを意味する“weben”に由来するともいわれます。

ギリシアにおける解釈

ギリシアの歴史家ヘロドトス（紀元前5世紀）は、このエジプトのフェニックスを赤と金の羽に覆われた鷲と表現し、その生命の周期について述べています。500年に一度、この鳥は父親の亡骸とともにアラビアからヘリオポリスへとやってきます。没薬で作った卵に亡骸を入れ、太陽神の神殿に預けます。死期が来ると、香木で巣を作

ベンヌ

り、そこへ横たわって死にます。その亡骸から小さな蛆が生まれ、それが太陽に熱せられてフェニックスへと変身します。

中世の動物寓意集は、この伝説をさらに発展させました。『アバディーン動物寓意集』によれば、フェニックスはつねに1羽しか存在せず、500年以上生き続けます。死期が来ると、香木で焚き火を作り、日光のほうを向いて、翼で火をあおぎ、そのなかで焼け死にます。その遺灰のなかから、新しいフェニックスが誕生します。エジプト人と同じように、中世のキリスト教徒もその神話を復活のシンボルとしてとらえ、死後の生に望みをかけたのです。

鳳　凰

中国では、フェニックスは鳳凰と呼ばれます。中国においては龍に次いで崇拝される幻想生物で、ほかのすべての鳥を支配しています。さまざまに描写されますが、ほとんどの場合、色とりどりに輝くクジャクに似た尾羽が特徴とされます。体と頭はキジに似ています。

伝説によれば、紀元前2600年頃、黄帝のもとに鳳凰が初めて現れました。麒麟と同じように、鳳凰の出現も、繁栄と、新たな慈悲深い皇帝の即位を予兆するものでした。中国には、この信仰に基づいた次のような諺があります。「龍が昇り、鳳凰が舞うと、地上に平和と静穏がもたらされ、幸福が末永く続く」

陰陽のシンボル

本来、鳳凰は2羽の鳥でした。雄の鳳は陽の鳥で太陽を象徴し、雌の凰は陰の鳥で月を象徴していました。鳳と凰が並んだ図像は、夫婦の不滅の愛のシンボルとされました。このため、婚礼の式には鳳凰の装飾がよく用いられました。後世になり、鳳と凰は融合して1羽の雌の鳥になり、それが中国の皇妃のシンボルとなりました。そしてしばしば皇帝のシンボルである龍と対にされました。

不滅性

西洋のフェニックスとは異なり、鳳凰は不死の存在で、仁・義・礼・智・信の五徳を具象化したものとされます。神話のなかでは、四象を支配する四霊獣のひとつとされます。青龍は東方と春をつかさどります。白虎は西方と夏を、玄武は北方と冬を、赤い鳳凰(朱雀)は南方と秋をつかさどります。

鳳　凰

シームルグ

シームルグはペルシアの神鳥で、非常に長命であり、世界の崩壊をすでに3度も目撃したといわれます。豪華な羽をまとったクジャクに似た巨大生物で、ライオンの鉤爪をもち、象やクジラを運べるほど大きいとされます。

スーフィー文学の傑作であるファリド・ウディン・アッタールの『鳥の議会』では、シームルグが落とした1本の羽根を、1,000羽の鳥が探しに行きます。7つの谷を渡り、100の困難や試練を乗り越えて、30羽の鳥がシームルグの棲み家までたどり着きます。シームルグという言葉は、「30」とも訳せます。シームルグを見た鳥たちは、個々の自我など存在しないことを悟ります。自分たちこそがシームルグであり、シームルグとは自分たちすべてのことだったのです。水の滴が大海へと注ぐように、鳥たちは栄光に包まれて一体となり、魂の平和と喜びと永遠を見出します。

火の鳥

ロシアの民話では、火の鳥は、赤やオレンジや黄色のかがり火のような色彩をした豪華な羽をもつとされます。ロシア語ではジャール・プチーツァといい、これは「熱鳥」を意味します。真夜中になると、この鳥は庭に現われ、不死を授ける黄金のリンゴを食べ、夜の闇を照らします。火の鳥が鳴くと、くちばしから真珠がこぼれます。

有名なロシアのおとぎ話にも登場します。皇帝の末息子のイワン王子が火の鳥の尾羽を見つけ、その鳥を帝国へ連れ戻そうと、壮大な旅に出ます。その途中、王子はふたりの兄の裏切りを乗り越え、魔力をもつ灰色狼の助けを借り、金のたてがみの馬を手に入れ、美しい姫を助け、一度死んでから、命の水と死の水を飲んで生き返り、火の鳥を金の籠に入れ、空飛ぶじゅうたんに乗って皇帝の宮殿へと戻ります。

火の鳥

ハルピュイア

ハルピュイアは、飢えて青白い顔をした女の顔に、鳥の体をもつ不快な生物たちです。しばしば「ひったくるもの」と呼ばれ、舞い降りてきては、鉤爪で食料を奪い、糞便で食卓を汚します。

エキドナ（91ページ参照）とテュポンのあいだに生まれた恐るべき子供たちで、英雄イアソンとアイネイアスを主人公とした古典のふたつの叙事詩に登場します。トラキア王ピネウスは、予言の力を悪用し、みだりに未来を明かしたためにゼウスに罰せられます。ある島に流されますが、そこではいつも豪華なごちそうが用意されています。しかしピネウスが食卓につくたびに、ハルピュイアが舞い降りてきて、ピネウスの手から食べ物を奪い、ごちそうをだいなしにします。

この拷問は、イアソンとアルゴナウタイの到着によって終わりを告げます。アルゴナウタイのなかには、ふたりの北風の息子がいました。飛翔能力のある彼らはハルピュイアを撃退しますが、姉である虹の女神イリスの頼みにより、命は助けてやります。イリスは、恐ろしい妹たちがピネウスを苦しめるのをやめさせると約束します。感謝したピネウスは、アルゴナウタイにその後の航海の助言を与えました。

ハルピュイア

ハルピュイア

アイネイアスの伝説

もうひとりの英雄は、トロイア軍の勇者アイネイアスです。彼はローマ建国のためにイタリアへと航海しますが、嵐にあって漂流します。4日後、船はイオニア海の島に漂着しました。憔悴し飢えたアイネイアスと乗組員は、島の牛を屠って食べようとします。しかし食卓につくやいなや、ハルピュイアが襲いかかり、食べ物を横取りします。襲撃はさらに二度続きました。三度目にはトロイア勢も反撃しますが、ハルピュイアを率いるケライノはアイネイアスたちを呪い、彼らが同じようにひどい空腹にさいなまれるまで、約束の地に着くことはないだろうと予言しました。

ロック

ロックはルフとも呼ばれ、中東の伝説に登場する巨大な白い猛禽です。鷲や禿鷲に似ていて、大きな翼をもちます。マルコ・ポーロは、フビライ・ハーンの宮殿でロックを見たといい、その鉤爪は象を持ち運べるほど強力であると記しています。

『千夜一夜物語』あるいは『アラビアン・ナイト』(800～900年頃)と呼ばれるペルシアの民話集には、船乗りシンドバッドの冒険譚のひとつとしてロックが登場します。難破したシンドバッドは、木の枝と白い巨大なドームしかない孤島に置き去りにされます。恐ろしいことに、そのドームは巨大な卵で、島は巨大鳥ロックの巣だったのです。ロックが巣に戻ると、シンドバッドはターバンで自分の体をロックの脚にくくりつけ、大空へ舞い上がります。そして安全な島のそばまで来たとき、飛び降りて逃げました。

バー鳥

バー鳥は、古代エジプトにおける死後の世界の概念を構成する要素のひとつです。バーとは個々の人間の本質であり、人格を形成する非肉体的な要素のすべてを指します。

体はハイタカや小型のハヤブサに似ていて、そこに死者のものである顔がついています。エジプトの墳墓には、しばしば死者の上を舞うバー鳥が描かれています。肉体と強いかかわりがあるため、食べ物や飲み物などの補給が必要であると考えられています(注：一般には食物を必要とするのはカーであるとされる)。

古代エジプトでは、死者が永遠の命を授かるには、肉体は墓を離れてその人間のカー(生命力)と一体化しなければならないと信じられました。ミイラとなった肉体にはそれができないので、その人間のバーが鳥の姿で墓とあの世のカーとのあいだを飛びます。この旅は毎晩行われる必要があります。

ロック

ガルダに乗るヴィシュヌとラクシュミの絵（1700年頃）

ガルダ

ガルダは、ヒンドゥー教や仏教の神話に登場する鳥に似た巨大生物です。ヒンドゥーの伝説によれば、金色をした人間の胴体と、鷲のくちばしと、赤い羽根と白い顔をもつとされます。非常に長命で、太陽をさえぎることができるほど巨大であり、しばしば頭に冠を載せています。

ヒンドゥー教の叙事詩『マハーバーラタ』には、ガルダの誕生とその行跡が記されています。太古の昔、ガルダは宇宙を飲み込むほどの激しい炎とともに孵化しました。神々でさえこれを恐れたため、ガルダは自らの体とエネルギーを小さくしました。

不死を授かる

捕えられた母を解放してもらうために、ガルダは神々から不死の聖水アムリタを盗み、ナーガ（94〜95ページ）の元へ運ぶと約束します。神々がしかけた強力な防御を打ち破り、アムリタを口に含むと、ナーガの元へと引き返します。その途中、ヴィシュヌ神と出会い、不死を授かる代わりに、ヴィシュヌの乗り物になることを約束します。またインドラ神には、母が解放されたあとで、神々がアムリタを取り戻す手伝いをすることを誓います。その約束どおり、ガルダはヴィシュヌの忠実な乗り物となり、ナーガ王国を容赦なく攻撃します。

チベットのガルダ

チベット仏教では、ガルダは膨れた腹と大きな目と、短い青色の角と、逆立った黄色い毛をもった姿で描かれます。大胆で恐れを知らず、障害をものともしない強さと力を備えています。両手に2匹の蛇を握った姿で描かれることもあります。仏教の図像においては、蛇は憎悪の象徴であり、ガルダはそれに打ち勝つ霊的エネルギーを象徴します。空を飛翔するガルダの姿は、怒りや嫉妬などの負の感情にとらわれない心の自由を示します。また、憎悪を心に抱いたときにそれを認識できる鋭い洞察力も象徴しています。その洞察力によって、猛禽が獲物に飛びかかるように、憎悪を断ち切ることができるのです。

ガルダ

白鳥の乙女

白鳥の乙女とは、美しい娘に変身する優美な白鳥のことで、この白鳥処女説話は洋の東西を問わず存在します。

東洋の説話のひとつは『千夜一夜物語』のなかで語られています。バスラのハッサンは、鳥の乙女たちの宮殿を訪ねます。鳥たちは羽衣を脱ぎ捨てると、美しい女性に変身しました。ハッサンはそのなかのひとりを妻にしようと、羽衣を隠しますが、娘は羽衣を取り返し、飛び去ってしまいます。困難な探求と数々の冒険の末に、ハッサンは娘を取り戻します。

北欧神話では、鍛冶師ヴェルンドが白鳥の乙女と結婚し、息子をもうけますが、妻は魔法の腕輪だけを残して去ります。

ヒンドゥー教の神話では、音楽と学問と創造性の女神サラスワティが、白鳥の乙女です。古代の絵画などでは、この女神が白鳥の上に腰掛けたり、背中にまたがって飛翔したりする姿が描かれています。

マザーグース

マザーグースは、19世紀に編纂された有名な英語童謡集の伝説上の作者とされます。多くの本の表紙には、細くとがった鼻と顎をもち、魔女の帽子とマントを身に着けた老婆として描かれます。ヒナたちに囲まれた本物のガチョウの姿で描かれることもあります。

このようなイメージを考案した挿絵作家は、その歴史を知っていたわけではないかもしれませんが、「マザー」がガチョウに乗って空を飛ぶ姿の起源は、じつは古代にまで遡ることができます。紀元前5世紀のギリシアの陶器やテラコッタ製の像には、豊穣と創造性をつかさどる地母神アフロディーテがガチョウ（雁）の背に乗って空を飛ぶ姿が描かれています。地母神として鳥をかたどった彫像は、新石器時代にはすでに存在しました（紀元前7000年頃）。19世紀のマザーグースの流行も、これらの過去のイメージと何らかの形で関係しているのかもしれません。

マザーグース

稲妻鳥

稲妻鳥は、アフリカの多くの民族が信じる不思議な生物です。実在の鳥のなかでは、シュモクドリが稲妻鳥にもっとも似ているとされます。湾曲したくちばしと、長く伸びた冠羽をもち、頭はハンマーに似ています。

民間信仰によると、稲妻鳥は落雷とともに現れるとされます。しかしその真の姿を見ることができるのは女性だけで、男性には稲妻しか見えません。稲妻鳥の脂肪は、アフリカの民間療法では貴重な薬の材料とされます。それを手に入れるには、雷が地面に落ちた瞬間に鳥を捕らえるか、落雷場所にできたくぼみから掘り出します。稲妻鳥はそのくぼみのなかに大きな卵を産みます。卵はその土地に災いを招くといわれるため、割らなければなりません。また稲妻鳥は雨とも関わりが深く、巣を壊すと嵐が来ると考えられています。

ジャターユ

ジャターユは、ヒンドゥー教の叙事詩『ラーマーヤナ』に登場する巨大な半神の禿鷲の王です。象の牙のように長く伸びた、鉄のように鋭い爪をもちます。太陽神の御者であるアルナの息子で、ガルダの甥です。ジャターユが若い頃、兄鳥のサムパーティと、どちらが高く飛べるか競争しました。ジャターユは太陽に近づきすぎ、翼を焦がしそうになったため、サムパーティは自分の翼で弟をかばい、翼を失いました。

『ラーマーヤナ』のなかでは、ジャターユはすでに60,000歳で、魔王のラーヴァナにさらわれたヒロインのシーターを救おうとします。勇敢に戦いますが、魔王の力にはかないませんでした。シーターを探しに来た主人公のラーマは、瀕死のジャターユと出会い、シーターが生きていることを知ります。インドのケララ州にある巨岩がジャターユの死んだ場所だとされ、観光客の人気を集めています。

稲妻鳥

3本足の鳥

3本足の鳥は、中国、日本、朝鮮の神話に登場する生物です。どの文化においても、太陽のそばに棲むもの、あるいは太陽を象徴するものと考えられています。

中国では、天鶏あるいは暁の鳥といい、黄金の羽の生えた雄鶏とされています。暁の地に生えている数百マイルもの高さの木に棲むといわれます。地上のあらゆる雄鶏の祖先であり、天鶏が告げる時の声は、天を震わせ、人間を目覚めさせます。

日本の伝説では、3本足の鳥は八咫烏というカラスです。神道における太陽の女神である天照大神の象徴です。現代では、この鳥は日本サッカー協会のシンボルマークにもなっています。

朝鮮においては、3本足の鳥は三足烏として知られます。古代の高句麗王国(紀元前37〜後668年)の壁画には、この鳥が龍や鳳凰よりも上位の、最高の力の象徴として描かれています。

3本足の鳥

商　羊

商羊は、雨鳥とも呼ばれ、中国の神話に登場する巨大な1本足の鳥です。細長いくちばしで川の水を吸い上げ、雨のように降らせます。『幻獣辞典』によれば、中国の農民は畑に水を撒いてもらうために、商羊を呼んでいました。子供たちは鳥を真似て片足で跳びはねながら、眉をしかめ、こう叫びました。「雷鳴るぞ、雨降るぞ、商羊またまたやって来た」あるとき、この鳥が斉の太子の前で翼をはためかせ、1本足で跳びま

商　羊

わりました。不審に思った太子は、孔子に宰相を遣わして、この予兆の意味を尋ねました。孔子は、商羊がまもなく豪雨を降らせ、地方一帯に洪水を引き起こすだろうと予言し、すぐに堤防と水路を築くようにと勧めました。太子は賢者の助言に従い、惨禍を免れたのです。

アルキュオネ(ハルシオン)

アルキュオネはギリシア神話に登場する鳥で、天候を左右することで知られます。プリニウスによれば、スズメより少し大きく、体は海のような青色で、下のほうが赤く、首は白く、細長いくちばしをもちます。実在の鳥のなかでは、しばしばショウビン科のショウビンやカワセミにあてはめられます。

アルキュオネの物語は多くの古典に語られていますが、もっとも感動的なものは、オウィディウスの『変身物語』に登場する話です。トラキス王ケーユクスと、風の神アイオロスの娘アルキュオネは夫婦でした。気がかりな予兆が現れたため、ケーユクスは神託伺いのために航海に出ることにします。危険を心配したアルキュオネは、出発をやめるか、自分も連れて行って欲しいと懇願しますが、夫は許しません。海岸ですすり泣くアルキュオネを残し、ケーユクスは2ヵ月で戻ると約束して旅立ちます。

まもなく、船は真冬の大嵐に巻き込まれます。船乗りたちの懸命の努力も空しく、船も乗組員も沈んでしまいます。その直後、眠っていたアルキュオネの前に夫の影が現れ、自分の遭難死を告げます。アルキュオネは悲嘆にくれました。翌朝、悲しみのあまり海辺をさまよっていると、夫の遺体が流れ着きます。絶望したアルキュオネは海に身を投げますが、水に落ちる直前、海鳥に変身します。ケーユクスもまた鳥になり、つがいになった2羽は、巣を作り、雛を育てました。

それからというもの、海鳥が卵を産んで孵す冬至(北半球では12月21日)前後の2週間は、まるでアイオロスが娘と孫たちを守っているかのように、海は荒れず、風も穏やかな日が続くようになりました。今日でも、この真冬の穏やかな期間のことを、「ハルシオンの日々」と呼びます。

アルキュオネ

虫

世界の神話に登場する虫たちは、多くの場合シェイプシフターです。
もとは人間だったものが虫に変身したものもいれば、
虫から人間に変身したものもいます。護符にされるものもいれば、
巧みに糸を操り、妖力で人をだますものもいます。

イツパパロトル

メキシコのアステカ神話においては、イツパパロトルは蝶に似た半神とされます。名前は「鉤爪の蝶」あるいは「黒曜石の蝶」を意味します。体は骸骨のようで、鷲やジャガーのような鉤爪をもち、蝶の羽の先端には、ナイフのようにとがった黒曜石がついています。

アステカ人にとって、イツパパロトルは助産婦と妊婦の守護者でした。出産時に亡くなった赤ん坊の楽園であるタモアンチャンの支配者でもありました。タモアンチャンは「星の魔物」とも呼ばれる多産の女精霊ツィツィミメの棲み家ともされます。ツィツィミメは、日食時に見られる星と結びつけられていて、日食に乗じて太陽を攻撃し、地上に降りて人間を餌食にすると考えられました。

地上に降り立つとき、イツパパロトルは、出産で亡くなった女性の魂である「暗黒の魔物」シワテテオを率います。シワテテオは、夜になると十字路に出現して、男性を誘惑したり、発作や狂気などの病をもたらしたりすると信じられていました。

トリアイ

トリアイは、ギリシア神話に登場する予言の力をもつ3人のニンフです。紀元前7世紀の飾り板には、頭と上半身が女性で、下半身と羽が蜂の姿で描かれています。頭は花粉を被ったように白くなっています。

紀元前7世紀のギリシアの賛歌によれば、トリアイはパルナッソス山の裾野に住んでいました。そこで光と音楽と詩をつかさ

どる青年神アポロンに、予言の技を教えました。トリアイの食料と詩才の源は蜂蜜です。その蜂蜜は「甘美な神酒ネクタル」と呼ばれました。トリアイは人間の巫女であり、蜂蜜酒を飲んで予言者の役をつとめたと考える研究者もいます。また、紀元前1500年のミケーネに見られる蜂の巣型の墓を根拠として、生と死と再生をつかさどる地母神とトリアイとを結びつけて考える人もいます。

トリアイ

土蜘蛛

土蜘蛛

日本の神話に登場する土蜘蛛は、変身能力のある恐ろしい妖怪で、毛むくじゃらな巨大蜘蛛の姿をしています。妖術でたくみに人間を巣へおびき寄せ、その血を吸います。

土蜘蛛は、名高い武将の源頼光（948〜1021年）にまつわるいくつかの逸話に登場します。14世紀にはこれらの物語が絵巻や能楽のテーマとなりました。ある物語では、頼光が謎めいた美しい女と出会いますが、女の正体は土蜘蛛でした。土蜘蛛は頼光を巣に絡めとりますが、頼光は土蜘蛛に傷を負わせ、激闘の末に退治します。もうひとつの話では、頼光が病に倒れます。法師が祈祷にやって来ますが、それは土蜘蛛が化けたものでした。土蜘蛛は糸を放ちますが、頼光は目を覚まし、刀で切り伏せます。頼光の四天王が土蜘蛛を追い、隠れ家の岩屋を見つけて切り崩すと、頼光は回復をとげました。

アラクネ

アラクネはギリシア神話に登場する蜘蛛女です。オウィディウスの『変身物語』のなかでは、リディアに住む機織りの名手でした。腕のよさを鼻にかけたアラクネは、自分は機織りや工芸をつかさどる女神アテナにも負けないと豪語します。

アテナはその自慢の腕を試そうと、アラクネを勝負に誘います。アテナは、アテナイの守護神の地位を賭けたポセイドンとの勝負の物語をタペストリに織り込みます。アラクネは、アテナの父ゼウスが白鳥や牡牛などの動物に変身して人間の女を誘惑する姿を描きます。アラクネの無礼な行為に激怒したアテナは、そのタペストリを引き裂き、織機を破壊しました。

アテナに挑戦するアラクネの絵

そして紡錘でアラクネの額を打ち、その慢心を思い知らせました。恥じ入ったアラクネは、首を攣って命を絶ちます。しかしアテナはそれを不憫に思い、首の縄を蜘蛛の糸に、アラクネを蜘蛛に変え、永遠に機織りの腕をふるわせたのです。

アントライオン

アントライオン

アントライオンとは、動物寓意集に登場する途方もない生物です。『フィシオロゴス』によれば、アントライオンの父はライオンで、母は蟻だとされます。頭と前半身は父親ゆずりのライオンで、後半身は母親ゆずりの蟻の姿です。父が肉食で、母が草食であるため、どんな食べ物も体に合わず、生まれてすぐに死ぬといいます。

後代の動物寓意集では、あまりに不自然だということで、この描写は省かれました。その代わり、砂のなかに隠れてライオンのようにほかの蟻を捕食することから、こう名付けられたとされました。獲物の体液を吸い、冬場の穀物の蓄えを奪うと考えられたのです。この描写から、やがて博物学者は蟻地獄を指す表現として、アントライオンという言葉を使うようになりました。蟻地獄は、砂の穴にもぐり、口を開けて待ち、穴に落ちてきた虫を食べます。

ミュルミドン

ミュルミドンと呼ばれる蟻の戦士たちは、アキレウスに従ってトロイア戦争に参加しました。その誕生にまつわる、興味深い動物変身譚が残っています。

ギリシア神話によれば、アイギナ島に恐ろしい伝染病が蔓延し、犬や牛、羊、鳥に加え、島の大部分の人間も死んでしまいました。絶望したアイギナ島の王アイアコスは、樫の神木の下で、民をお返しくださいとゼウスに祈りました。それに呼応するように、雷鳴が木を揺らしました。その夜、王は蟻の戦士たちの夢を見ます。翌朝、王の目の前で、穀粒を集めていた無数の蟻たちがみるみる大きくなり、余分な脚を脱ぎ捨てると、立ち上がって人間になりました。喜んだ王はゼウスに感謝の供物を捧げ、空っぽだった町や野山に、勤勉で働き者の新しい民たちを住まわせます。そして「蟻」を意味する“myrmex”という言葉をとって、彼らをミュルミドンと名づけました。

スカラベ

スカラベは、古代エジプトの宗教における重要なシンボルでした。これは食糞性コガネムシの一種で、卵を地中の穴に入れて糞で覆い、その糞で幼虫を育てます。

スカラベの成虫が後脚で糞の玉を地面に転がすと、ちりや砂が付着して玉が大きくなります。この行動から、古代のエジプト人はスカラベと太陽神ケプリを結びつけました。ケプリもまた、太陽の円盤を毎日空の上で転がし、夜になると地中に埋めるからです。

太陽のシンボル

スカラベの神聖性は、その名前によっても高められました。エジプト人は、すべてのスカラベは雄で、糞の玉のなかに精液を注ぐことで繁殖すると誤解していました。古代エジプトの言葉で食糞性コガネムシは“hpr”ですが、これは「独力で誕生する」「変身する」「存在するようになる」などと訳すことができます。エジプト人にとって、これは毎朝ひとりでに昇ってくる太陽を連想させ、死後の再生や変身への希望を喚起する言葉だったのです。

スカラベをかたどったものは魔力のある護符になり、普通は紐を通して身に着けられました。持ち主を邪悪な力から守り、利益と祝福を授けてくれるとされ、紅玉髄や瑠璃、孔雀石、トルコ石、雪花石膏などの準宝石で作られていました。魔よけや象徴としての意味を込められたスカラベは、ペンダントや腕輪、ネックレス、指輪などの装身具にも用いられ、古代の文書の封印にも使われました。

心臓スカラベは、死者のミイラの首元や胸、心臓の上に置かれた護符で、死者の審判の時に、心臓がその人間の不利になる証言をすることを防ぐためのでした。高貴な人物の心臓スカラベは、碧玉や蛇紋石などの緑の石で飾られ、金の縁取がほどこされていました。緑色も金色も、再生のシンボルとされています。

スカラベの護符

PART 3

暗黒の世界に棲むものたち

闇の怪物

いつの世も人間は、
悪鬼や幽霊などの夜の闇を徘徊するものに魅了されてきました。
石器時代の洞窟で焚火を囲んで語られた物語や、
世界中の快適な子供部屋で話して聞かされるおとぎ話のなかで、
暗黒の世界の生き物たちは、つねに恐怖と喜びをもたらしてきました。

わたしたちが怪物に魅了されるのには、いくつもの理由があります。なによりも怪物は、人間が理解したり、支配したりできない自然の力について教えてくれます。このパートで紹介する生物の多くは、嵐や野獣や酷寒など、わたしたちの祖先の生存を脅かしてきた自然の力と結びついています。イギリス民話の黒い魔犬は、雷雨とともに出現します。アメリカ先住民の民話に登場するウェンディゴは、飢饉や寒波などで人肉を食べてしまった人間に取りつきます。

また怪物は、誕生や性愛や死などの、人生の過程で肉体が経験する事柄にまつわる恐怖についても教えてくれます。フィリピンのマナナンガルなどのデーモンは妊婦

カプレ

ハッグ

を餌食にし、ザンジバルの夢魔ポポバワは夜になると人間を誘惑して性交します。ヴァンパイアやゾンビなどの動き回る死者は、人間の肉体に宿る力に対する恐怖を体現したものです。死に対する恐怖は、アイルランドのバンシーなどに表されています。バンシーが泣き叫ぶと、誰かが死ぬといわれます。

さらに、異常なものや未知のものに対する恐れの表れでもあります。ここで紹介する生物の多くは、常識の範疇外に存在するために恐怖を誘うのです。巨人は、あまりにも巨大なために驚愕の的になり、オーグルは、あまりにも醜いために恐れられるのです。しかしもっと恐ろしいのは、よく知らない隣人が、じつは怪物だったというケースでしょう。日本の抜け首は、日中は普通の人間と変わりませんが、夜になると頭と首が体から離れて飛び回り、餌食にする人間を探します。

獣 人

狼やその他の獣に変身する人間の話は、世界中の民話に登場します。自分の魔力で変身するものや、罪を犯したり、魔法をかけられたりした結果として変身させられたものもいます。ワーウルフ（狼男）という言葉は、人間を意味する古英語“were”と、その人間が変身する獣の名前を組み合わせたもので、狼のほかに、猫や虎や猪と合体する場合もあります。

ワーウルフ

オウィディウスは、ギリシア神話に登場する最初のワーウルフ伝説について記しています。人類が邪悪になったと聞いたゼウスが、人間に変身して地上に降り立ちます。アルカディアの王リュカオンの宮殿を訪れると、王はゼウスを人間の肉でもてなします。怒ったゼウスはリュカオンに雷を落とし、血に飢えた狼の姿に変えます。その姿は毛むくじゃらで、目を血走らせた凶暴な人間の顔をしていました。

ワーウルフの木版画

中世のヨーロッパにおいては、多くの文化のなかで狼への変身譚が語られました。イングランドの作家ティルベリのゲルファシウス（1150～1228年頃）は、ワーウルフへの変身と満月とを結びつけました。ロシア民話では、

ワーウルフ

12月24日に生まれた子供はワーウルフになるといわれます。ポルトガルでは、7番目の息子はしばしば「ベント」と名づけられますが、これは祝福されたという意味で、その子供がワーウルフになるのを防ぐためです。アルメニアでは、罪深い女性が、7年のあいだ子供を喰らう狼女の姿でいたといわれています。

12世紀のフランスでは、マリー・ド・フランス作の物語詩に、ブルターニュのビスクラヴレットという不幸な男爵の物語が登場します。男爵は、週のうち3日間はワーウルフの姿でいなければなりませんでした。不実な奥方は、夫が人間に戻るには人間の衣服が必要であると知り、愛人にその衣服を盗ませ、人間に戻れないようにしました。しかし、高潔なビスクラヴレット男爵は王の信頼を勝ち取り、妻の鼻を食いちぎって復讐を遂げ、最後には人間の姿に戻ります。

スキン・ウォーカー

北欧やアメリカ先住民の伝説によれば、スキン・ウォーカーとは、ほかの生物の毛皮をかぶったものの意味で、魔力によって狼やコヨーテや熊や狐などの動物に変身できる人間を指します。

北欧のサガのなかには、勇猛な戦士たちが、鎧の代わりに狼や熊の毛皮を着て出征する様子が描かれています。ノルウェーの初代の王であるハーラル美髪王（850～933年頃）の軍には、ウルフヘズナル（狼の毛皮を着た人間の意）と呼ばれた戦士たちがいて、狼のように猛烈に戦ったとされます。ベルセルク（熊の毛皮の意）は熊の毛皮を着た北欧の戦士たちで、熊のように強く、人間を一撃で殺せるとされました。アイスランドのサガに登場する有名なベルセルクの父親はワーウルフで、牙で敵と戦ったといわれました。

アメリカ先住民族のなかにも、熊やコヨーテや狼などの毛皮をかぶって動物に変身する戦士がいたとされています。またナハボ族の言い伝えには、「4本足で行くもの」を意味するイェナーグルーシーと呼ばれるスキン・ウォーカーが登場します。これは魔術師やシャーマンであった人々が、タブーを破って邪悪な力を身につけたものとされます。コヨーテや狼の毛皮や仮面をまとっただけの姿で家々に侵入し、住人を襲います。魔術を使って人の声色を真似し、安全な屋内から誘い出したり、人間の考えを読んだり、人間の髪や爪や古着を使って呪いをかけたりするといわれます。

ケイジャンの人々の伝説では、これに似たものがルーガルー（Rougarou）と呼ばれています。人間の体に狼や犬の頭をもつとされ、ルイジアナ州ニューオーリンズ周辺の沼地を徘徊するといわれるスキン・ウォーカーです。ルーガルーという名前は、ワーウルフのフランス語である“loup-garou”が変形したものです。ルーガルーの物語は、子供をしつけるためによく語られますが、四旬節の慣わしを守らないカトリック教徒を襲うともいわれています。

熊の毛皮を着た戦士

ブラックドッグ

特定の場所に出没し、人間を餌食にするという伝説の巨大なブラックドッグの話は、ヨーロッパ全土に伝えられています。ケルベロスのように歴史の古いものもあれば、比較的最近に誕生したものもあります。イギリスの多くの場所で邪悪なブラックドッグが目撃されているほか、ベルギーのクルッドという犬は、ひとり旅の人間を襲うといわれます。

魔犬ブラックドッグ

ブラックドッグは、イングランドのほぼすべての地方の民話に登場し、ベルギーにも独自の物語が伝わっています。地域によって違いはありますが、ほとんどのブラックドッグは、子牛ほどの大きさがあり、皿のように大きな赤い目をもち、ぼさぼさの毛皮に覆われています。古い道や十字路、教会の庭、絞首台のそばなど、迷信や不気味な出来事に縁のある場所に出没します。

雷雨のときに現れるとされるものもいます。サフォーク州のバンゲイ・マーケットにある風向計には、ブラック・シャックと呼ばれる黒犬と稲妻がデザインされています。1577年8月4日の日曜日、セントマリー教会には、大勢の信者たちが集まっていました。すると恐ろしい雷が教会を震わせました。突然、稲妻に照らされて巨大な黒い犬が教会に現れ、爪と牙でたくさんの人々を襲いました。目撃者のほとんどが、それを悪魔の遣わした地獄の番犬だと信じました。

バーゲストとモーザ

ブラックドッグが死の前兆だと考える地域もあります。バーゲストと呼ばれる犬は、イングランド北部の、とくにヨークシャー周辺の僻地に出没します。この犬をはっきりと見た人間はまもなく死に、ちらりと見ただけならば数ヵ月は生き延びますが、やがて倒れると信じられています。マン島のピール城という古城の衛兵所に出没するといわれるモーザ・ドゥーグも、これによく似ています。かつて、酒に酔った兵士が、度胸を示そうと衛兵所にひとりで入りましたが、口がきけなくなり、3日後に亡くなりました。

クルッド

ベルギーの民話に登場するブラックドッグは、クルッドといいます。通常、これは巨大な犬の姿で現れますが、猫やカエル、コウモリ、馬に化けることもできます。どの姿の場合も、かちゃかちゃという鎖の音と、頭の上でゆらめく青い炎が特徴です。ひとけのない道を歩く旅人の背に飛びかかり、牙と爪で襲います。

魔犬
ブラックドッグ

ケルベロス

ケルベロス

ヨーロッパ民話に登場するブラックドッグの祖先は怪物ケルベロスで、これはギリシア神話の冥界の門を守る番犬です。

ケルベロスは生きた人間が冥界に立ち入らないように、また死者の魂が冥界を逃げ出さないように見張っています。紀元前8世紀のホメロスとヘシオドスの記述には、ケルベロスは非常に巨大で凶暴だとされています。ヘシオドスは、ケルベロスには50の頭があり、あらゆる怪物の母であるエキドナと、ガイアの末息子テュポンの子であるとしています。後代の記述や、大部分のギリシアの美術作品においては、3つの頭と、大蛇のような尾と、種々の蛇でできたたてがみを生やした姿で描かれています。

ギリシア神話のなかで、ケルベロスは何度か撃退されています。冥界に入るために、オルフェウスはケルベロスに美しい音楽を聞かせて眠らせ、プシュケーは蜂蜜菓子を与えて手なずけ、ヘルメスは忘却の川であるレテ川の水を飲ませて出し抜きました。そして英雄ヘラクレスは、12番目の功業として、ケルベロスを素手で取りおさえました。

ジェヴォーダンの獣

ブラックドッグの伝説のなかには、現実の事件に基づいたものもあります。フランス中南部では、1764年から1767年のあいだに、狼に似た謎の生物が60人から100人の人間を襲って殺したといわれます。ジェヴォーダンの獣と呼ばれるこの怪物は、牛ほどの大きさで、肩幅が広く、ライオンのように先端が房になった長い尾と、大きなとがった耳と、巨大な口と、突き出た牙をもっていました。地元の人々はこれをワーウルフか、あるいは人間の血を吸うために怪物に変身した魔法使いだと信じました。

この獣は非常に恐ろしい方法で人を襲います。しばしば獲物の頭を狙い、これを押しつぶしたり、切り落としたりします。また家畜よりも人間の肉を好むようで、とくに女性や子供を狙いました。フランス王ルイ15世が、これを退治するために狼狩りの名手たちを差し向けますが、獣を仕留めたのは地元の猟師ジャン・シャストルでした。彼は神に祈りを捧げ、聖書を読んでから狩りに出かけ、成功をおさめたと語っています。

ヴァンパイア

ヴァンパイアはアンデッドと呼ばれる存在で、人の生命力を吸い取って生きています。「黒いマントの妖怪」というもっともよく知られたヴァンパイアのイメージは、東欧を起源としていて、大衆小説や映画にも登場してきました。とりわけ有名なものは、ブラム・ストーカーの『吸血鬼ドラキュラ』(1897年)で、これは在位中に残酷な刑罰を課したことで知られる15世紀のルーマニア君主ヴラド3世(串刺し公)をモデルにしたといわれています。しかし、ヴァンパイアの神話は、東欧だけでなくインドやオーストラリア、南北アメリカなど、世界中に存在しています。

東欧のヴァンパイア

ヴァンパイ

東欧の伝説では、ヴァンパイアとは動き回る死者のことで、墓から起き上がり、生きた人間を餌食にします。獲物の首に噛み付き、その血を吸います。自殺者や犯罪者、魔術師の死体がヴァンパイアになるといわれますが、罪なき人間でも襲われればヴァンパイア化するという言い伝えもあります。生まれたときから歯や大量の髪が生えていたり、手足の指が欠けていたりする子供も、ヴァンパイ

串刺しにされた人々の前で食事をするヴラド・ツェペシュの木版画

アになるといわれました。

民間に伝わるヴァンパイアの撃退法は、ヴァンパイアそのものと同じぐらい有名です。退治するには、首を切り落とすか、心臓に杭を打ち込むか、死体を燃やします。死体がヴァンパイア化することを防ぐには、サンザシの杭を打ち込んで地面に固定するか、首のまわりを鎌で囲い、死体が起き上がろうとすると首が切断されるようにします。またヴァンパイアは、ニンニクや、キリスト教のシンボルである十字架や聖水を恐れます。聖ゲオルギウスや聖アンデレの祭日の前夜には、ヴァンパイアの活動が活発になるといわれ、東欧の人々は家のまわりに聖水を撒き、家畜にニンニクをこすりつけました。

18世紀初頭、東プロイセンやオーストリア、ハンガリー一帯に、ヴァンパイア・パニックが広がりました。たとえば、あるセルビア人の農夫がヴァンパイアになり、大勢の地元民を殺したと信じられました。国が調査にあたり、墓をあばいて遺体を冒涜することを禁じた法律が承認されました。

世界中のヴァンパイア

ヴァンパイア伝説は、もっとも根強く、広範に語り継がれた俗信のひとつであり、世界中の文明のなかに存在します。大部分の神話に共通しているのは、アンデッドや霊的存在が、生ける者の肉や血などの生命力を吸い取るという点です。

ギリシアのヴァンパイア

ヴリコラカスと呼ばれるギリシアのヴァンパイアは、死者の霊であるとされ、見取る者もなく亡くなった者や、適切に埋葬されなかった者の霊が、遺体にとりつき、それを操るのだと考えられています。20世紀初頭まで、死後3年たつと遺体を掘り起こし、腐敗を確認するということが行われていました。遺体が腐らず、太鼓のように膨らんでいれば、その者はヴァンパイアになったと信じられました。

中国のヴァンパイア

中国では、ヴァンパイアは僵尸と呼ばれ、これは硬直した死体を意味します。この名前は、中国の民話に伝わる風習に由来しています。家族が遠方で亡くなり、遺体を引き取りに行く余裕がない場合、道士に依頼して死者を動かし、家まで跳んで来させたというものです。現代中国のヴァンパイア映画では、呪文が書かれた黄色いお札を額に貼れば、僵尸を眠らせることができるとされました。

アメリカのヴァンパイア

1892年、アメリカ合衆国ロードアイランド州エクセターで、結核で亡くなった19歳のマーシー・ブラウンの遺体が死後2ヵ月たって掘り起こされました。遺体は腐敗しておらず、心臓には血液が残っていたため、この少女がヴァンパイアになり、人々に病気を感染させていると恐れられました。心臓は切り取られて焼却され、その灰を水に溶かしたものが、重体の兄に投与されましたが、その兄も2ヵ月後に亡くなりました。

大統領のヴァンパイア

2007年3月、セルビアのポジャレヴァツで、ヴァンパイア・ハンターを名乗る男たちが、悪名高い元セルビア・ユーゴスラビア大統領スロボダン・ミロシェヴィッチの墓を襲いました。侵入者たちは、嫌われ者の元指導者が死者の国から蘇ってこの世に出没しないよう、心臓を狙って1mの杭を地面に打ち込みました。

僵　尸

ヴェータラ

ヒンドゥー教とオーストラリアのヴァンパイア

ヒンドゥー教の民話に登場するヴェータラは、ヴァンパイアに似た精霊で、墓地に出没し、死体に取りついて動き回ります。もうひとつは、オーストラリアのヤラマヤフーで、これは赤い小人で、吸盤のような手足で獲物の血を吸います。

ヴェータラ

この邪悪な精霊には肉体がないので、死者の体を操り、生きている者を襲います。狂気や流産を引き起こし、子供を殺すともいわれます。生者の国と死者の国のはざまに存在するため、ヴェータラは過去・現在・未来を見通すことができ、このため魔法使いたちはヴェータラを手なずけようとします。普通の人間は、祈りやマントラを唱えることでヴェータラの攻撃を防ぐことができます。

伝説によれば、大昔の魔術師が、王国の火葬場の近くに生える木に棲むヴェータラを捕らえてほしいとヴィクラマーディティヤ王に頼みました。捕まえるには、口をきいてはいけません。しかし王がヴェータラを捕らえるたびに、ヴェータラは最後が質問で終わる不思議な話を語ってきかせます。どんなに黙っていようとしても、王は問いに答えてしまいます。王が口を開いたとたん、ヴェータラは逃げ出して木に戻ってしまうのでした。

オーストラリアのヤラマヤフー

オーストラリア先住民に伝わるヴァンパイアは、ヤラマヤフーといい、これは身長1mほどの赤い小人で、大きな頭と大きく裂けた口をもっています。タコの吸盤に似た手足でイチジクの木のてっぺんにつかまって生息しています。

何も知らない人間がイチジクの木の下で休んでいると、ヤラマヤフーが跳び下りてきて、手足の先からその人間の血を吸います。人間は弱って動けなくなりますが、死ぬことはほとんどありません。その後、ヤラマヤフーは戻ってきて獲物を丸呑みします。そしてしばらくうたた寝をしたあと、消化しきれなかった獲物を吐き戻します。呑み込まれた人間はまだ生きていますが、以前よりも背が縮んでしまうのです。

フィリピンと中米のヴァンパイア

フィリピンのマナナンガルは女性の姿をしていますが、中米のヴァンパイアに似たチュパカブラは、どことなく爬虫類に似た姿です。

マナナンガル

フィリピンのヴァンパイアはマナナンガルといい、非常に美しい年配の女性の姿をしています。毎晩、マナナンガルは体をふたつに切り離し、下半身を残したまま、上半身だけでコウモリのような巨大な翼で飛び立ち、獲物を探しに行きます。マナナンガルとは、タガログ語で「自分を切り離すもの」を意味します。好んで狙うのは、自宅で安らかに眠っている妊婦です。チューブのような長い舌で、胎児の心臓や、無防備な妊婦の血を吸い取ります。

マナナンガルが飛び回っているあいだ、下半身は立ったまま残されます。上半身と下半身の結合を防ぐには、いくつかの方法があります。たとえば、下半身に塩を振りかけたり、つぶしたニンニクを塗りつけたりします。夜明けまでに合体できなければ、マナナンガルは死んでしまいます。そこでマナナンガルは、男たちを手なずけ、自分が無事に戻るまで下半身を見張らせています。

チュパカブラ

南北アメリカの各地で、とくに山羊などの家畜を襲うというチュパカブラ(山羊の血を吸うものの意)の存在が報告されています。目撃者によれば、その生物は身長約1mで、緑灰色の革のような皮膚をしていて、背中には一列に並んだ鋭いとげがあり、突き出した牙と、先が分かれた舌をもつということです。カンガルーのように後脚で跳び、警戒するとシューッまたはキーッという声をあげ、硫黄のような悪臭を放つとされます。

1990年に初めてプエルトリコで報告され、動物の体にいくつかの小さな丸い傷をつけ、そこから血を吸うとされました。多くの人々が、超自然の力をもつ未知の生物または地球外の生物だと考えています。目を合わせただけで動物に催眠術をかけ、穴の開いた牙でその血を吸い取るという報告もあります。

チュパカブラ

夢魔

ヴァンパイアに似た存在に、夢魔がいます。
インキュバスとサキュバスは紀元前3000年にすでに登場し、ギリシア神話のラミアは神々と交わりました。また、ザンジバル諸島のポポバワのように、現代にも夢魔に似た生物にまつわる神話は存在しています。

インキュバスとサキュバス

インキュバスは男性の悪魔で、一般には眠っている女性を襲ったり、誘惑したりして性交します。犠牲者は目を覚ましませんが、夢のなかで夢魔との出会いを体験します。インキュバスの女性版が、サキュバスです。

インキュバスは、大半の中世ヨーロッパ絵画のなかでは醜い悪魔として描かれますが、サキュバスは美しい魅惑的な女性の姿をしています。ただし、コウモリのような翼や、角や尾、蹄、牙などの悪魔らしい特徴を備えている場合もあります。

インキュバスとサキュバスの存在は、古くは紀元前3000年頃のシュメール文明に見ることができます。夜の嵐と風の妖怪リリスは、非常に性的で貪欲な存在でした。また英雄ギルガメシュの父は、インキュバスに似たリルという精霊だともいわれています。

中世の悪魔

中世ヨーロッパの伝承では、夜になるとサキュバスが男たちの元に現れ、誘惑して交わったとされています。禁欲している修道士たちは特にこの攻撃にさらされやすく、しばしば肉欲的な考えや性的な夢をサキュバスのせいにしました。サキュバスは男性の精力を吸い取り、消耗させたり、ときには殺したりします。インキュバスは男性に取りつき、夢魔に変えることもできました。中世の魔術に関する書物『魔女に与える鉄槌』(1486年)によれば、夢魔の憑依や

サキュバス

攻撃を防ぐには、十字を切ったり、懺悔や破門や悪魔祓いなどの宗教儀式を行ったりすればよいということです。

古いキリスト教の文献によれば、悪魔は通常の方法では繁殖できないため、インキュバスがサキュバスに変身し、人間の男性から精液を集め、それによって人間の女性を妊娠させるとされました。この方法で生まれた子供は、超自然の能力をもつか、悪魔の影響を受けやすいとされました。アーサー王伝説に登場する魔術師マーリンは、人間の女性と夢魔とのあいだに生まれたといわれています。

ラミア

ギリシア神話に登場するラミアは女の悪魔で、眠っている男を誘惑し、子供を喰らいました。その実態については諸説があり、上半身が美しい女性で、下半身が醜い大蛇だという人もいます。中世の動物寓意集には、顔は美しい女性ですが、体は山羊で、双蹄をもち、ドラゴンのような虹色の鱗に覆われた姿で描かれています。

一説によれば、もともとラミアは美しいリビアの女王で、主神ゼウスに愛されていました。嫉妬した妻の女神ヘラは、その仕返しにラミアの子供たちをさらい、殺しました。絶望したラミアは正気を失って洞窟に隠れ棲み、怒りのあまり醜い怪物に変身しました。そして子供たちをさらい、その血を吸い取って殺しました。別の話では、美しさを取り戻し、夜の魔物に変身して男性を誘惑したとされています。

ポポバワ

夢魔に似た夜の魔物は、世界のいくつかの地域でいまも人々を脅かしています。ニュース報道によれば、現代のザンジバル諸島では、ポポバワ（コウモリの翼の意）を撃退するために、しばしば男性たちが、屋外の巨大な焚火を囲んで集団で眠ったり、豚の脂を体に塗ったりするとされます。

ポポバワは男の悪魔で、コウモリのような鉤爪と邪悪なひとつ目をもち、自宅のベッドでひとりで眠っている男性を襲います。1995年には被害の報告が相次ぎ、この地域はパニックに陥りました。

この生物が近づくと刺激臭がし、煙がたちのぼります。被害証言によると、性的攻撃を受ける直前に体が麻痺し、胸に息苦しい圧迫感を感じるといいます。これを、19世紀半ばまでザンジバルに存在した恐怖の奴隷市場に対する復讐の念から生まれた怪物である、と考える人もいます。

ラミア

死せるものたち

死せるものたちには、ゾンビのような動き回る人間の死体や、
バンシーのような死の予言者や、
ゴーレムのような動く人形などが含まれます。

ゾンビ

先史時代から、すでに世界中の文化のなかにさまざまな種類のゾンビが登場してきました。神話の英雄ギルガメシュに求愛を拒絶された女神イシュタルは、復讐のために「死者を蘇らせ、生きている者を喰らわせる」と脅します。以来、人間を襲う死者の恐怖は、多くの土地の民間信仰のなかに刻まれていきました。

中世のフランスでは、殺された人間は、復讐のために墓から蘇ることがあると考えられました。

イングランドでは、12世紀の歴史学者ニューバーグのウィリアムが、動き回る死体（亡霊）についていくつかの事例を記述しています。これらは夜ごと村々を徘徊し、病気を蔓延させ、出会った人間を無差別に殺す恐ろしい存在でした。

ドラウグル

北欧神話に登場するドラウグルは、ヴァイキングの戦士の死体が蘇ったもので、生者を襲います。ヴァイキングの戦士は貴重な武器やその他の財産と一緒に埋葬されることが多いので、ドラゴンが秘宝を守るのと同じように、ドラウグルも墓に埋められた宝を守っているのです。超自然的な力をもち、一陣の煙として墓から現れると、巨大な姿に変身できると考えられました。生きている人間を、叩き潰したり、餌食にしたり、血を吸ったりして殺しました。

ヴォドゥ

カリブ海のハイチ共和国では、ヴォドゥ（ヴードゥー）教の信者は、ボコールと呼ばれる魔術師が死体を生き返らせ、ゾンビとして操ることができると信じています。ま

たヴォドゥ教の魔術師はフグ毒から作った薬を傷口から血管にすり込み、生きている人間をゾンビに変えられると考える人もいます。薬がトランス状態を引き起こし、その人間はボコールの奴隷となるのです。

フィクションのなかのゾンビ

ゾンビは、大衆文学や映画のなかにも「怪物」として登場します。メアリー・シェリーの『フランケンシュタイン』(1818年)や、ジョージ・A・ロメロの『ナイト・オブ・ザ・リビングデッド』(1968年)などがその例です。

ドラウグル

バンシー

ケルト神話に登場するバンシーは、アイルランド語で「シー（妖精）の女」を意味し、死を予告する女の精霊です。

バンシーはたいてい白か灰色の長い衣を着ています。淡い色の長い髪を銀の櫛で梳いていたり、死期が迫った人間の衣服から血の染みを洗い落としたりしています。バンシーの出現は、泣き声によってわかります。悲しげなその叫びは、ガラスを震わせるほど甲高いとされます。

アイルランドの民間信仰によれば、貴族の一員が死にそうになると、バンシーが現れて死を予言するとされます。サー・ウォルター・スコットの詩『湖上の麗人』で知られるレディ・ファンショーが、1642年に男爵領の城を訪れていたとき、夜中に目を覚ますと、窓の外で幽霊のような影が泣き叫んでいました。翌朝、男爵の家族のひとりが晩のうちに亡くなったことがわかります。

バンシー

ゴーレム

ユダヤの民話に登場するゴーレムは、動き回る人形です。「ゴーレム」という名前は、ヘブライ語で「未形成のもの」を意味する“gelem”という言葉に由来しています。

伝統的に、ゴーレムは泥から作られ、呪文や聖なる言葉を額に書くか、羊皮紙に書いて口のなかに入れることによって動きだします。額にヘブライ語のEmet（真理）と書かれたゴーレムは、最初の文字を消してMet（死）とすることで動きを止められます。

中世ヨーロッパには、ラビたちが神秘的なカバラ思想の書『セフェール・イェツィラー』に記された方法に従ってゴーレムを作り出し、意のままに操ったという逸話が数多く残されています。もっとも有名なものは、16世紀のプラハで、高名な学者であったラビのイェフダ・レーヴ・ベン・ベザレルが作り出したものです。伝説によれば、ラビ・レーヴは、プラハのユダヤ人ゲットーを守るためにゴーレムを作ったとされます。しかしゴーレムは凶暴になり、非ユダヤ人を殺しはじめ、やがて創造者にまで襲いかかったのです。

ゴーレム

巨人

巨体をもつ存在は、大昔から世界中の民話のなかに登場します。
多くの文明の創世神話のなかで、巨人は中心的役割を果たしています。
敗北したり分解されたりした巨人の体の一部から世界が創られたとする
物語もあれば、巨人族と神々との戦争があり、
その結果人類が存在できるようになったとする物語もあります。

有名な巨人たち

名前	文明	背景	神話
ネフィリム	中東	創世記に登場する邪悪な巨人で、人間の女性と堕天使のあいだに生まれたとされ、超人的な力をもつ	彼らの邪悪さや不品行、性的堕落が、神が大洪水を起こす理由のひとつとなる
アトラス	ギリシア	ゼウスとオリュンポスの神々に敗北した強力なティタン神族のひとり	世界の西の果てに立ち、天空を背負うことをゼウスに命じられる
盤古	中国	頭に角があり、毛に覆われた原初の巨人で、中国の創世神話の中心的存在	巨大な手斧で宇宙の卵を陰と陽に分け、天地を生み出す

邪眼のバロール	ケルト	太古からアイルランドに棲む奇怪な巨人族フォモール族の単眼の王	単眼で見た者をすべて殺す。戦場では瞼についた取っ手を4人がかりで回し、瞼を押し上げる
ゴグマゴグ	古代ブリトン	先史時代のブリテン島に棲んでいた巨人族の長	トロイアの戦士コリネウスによってコーンウォールの崖から突き落とされ、敗れる
ユミル	北　欧	霜の巨人族の始祖で、北欧の創世神話の中心的存在	頭蓋骨が天になり、肉が大地になり、血が海と湖になり、歯と骨が山になる
ダイティヤ	ヒンドゥー	宇宙の始まりに神々と戦った邪悪な魔族	インドラ神率いる軍勢に破れ、海底に閉じ込められる
プルシャ	ヒンドゥー	1,000の頭と1,000の足をもつ原初の巨人	解体され、思考器官が月になり、眼が太陽になり、吐く息が風になる
シパクナ	マ　ヤ	尊大で邪悪な巨人で、山々を作り上げたと自慢する	双子の英雄神に敗れ、山崩れを起こされて死ぬ
ヘンティル	バスク	キリスト教伝来以前にスペインやフランスのピレネー山脈西部に棲んでいた巨人族	山々の巨石を放り投げてドルメンやメンヒル(巨石記念物)を作る

ティタンとギガス

ギリシア神話の最初期である黄金時代には、強力なティタン神族が世界を支配していました。またギガス族は、ギリシアの戦士とされる場合も、野蛮人とされる場合もあります。

ティタン

ティタン族の多くが自然の力と結びついていて、ウラノスは天、ガイアは地の象徴です。自分の子供たちの力を恐れたウラノスは、ガイアの胎内に彼らを閉じ込めましたが、時の象徴である末息子のクロノスが父親を倒し、その性器を切り落として、精子を肥沃な大地に滴らせます。

クロノスは新たな主神の座につき、レアを后とします。このふたりによって、次世代の強力なティタンたちが誕生します。自分もまた子孫に打倒されることを恐れたクロノスは、生まれた子供を次々に丸呑みします。しかしレアはクロノスをだまし、生まれたゼウスの代わりに、産着にくるんだ石を呑ませます。成人したゼウスは、祖母のガイアと共謀してクロノスに薬を盛り、呑み込んだ兄弟たちを吐き出させます。彼らは初代のオリュンポスの神々となりました。ゼウスの率いるオリュンポスの神々は、ティタン一族と戦ってこれを打倒し、その多くを冥界に閉じ込めました。

ギガス

しかしオリュンポスの神々もまた、支配者の座を脅かされます。ウラノスの精子は大地で実を結び、ギガスと呼ばれる巨人族を生みました。神々が君臨するオリュンポス山の山頂に登るため、ギガスたちは岩を積み重ね、これがギリシア本土の山脈になりました。

オリュンポスの神々とギガス族との戦いはギリシア美術に好んで描かれるテーマです。ギガスたちは鎧を着け、槍をもった戦士の姿で描かれることもあれば、豹の毛

神々に挑戦し、敗れるティタンたち

皮をまとい、岩を手に戦う野蛮人として描かれることもあります。壷やモザイク画に描かれたギガスの多くは、両足が大蛇の尾になっています。ヘラクレスの働きによってギガスたちは敗れ、その結果、人類が安全に暮らせる世界ができました。しかし、地中の奥深く埋められたギガスたちは、地震や火山の噴火を引き起こすといわれています。

古今の巨人たち

ユダヤ・キリスト教や北欧やケルトの文化に登場する巨人もいれば、より新しいアメリカ民話のなかの巨人もいます。

ヨトゥン

北欧神話に登場する巨人はヨトゥンといい、ユミルの子孫たちです。ユミルとは原初の巨人で、その体から世界が生まれました。ヨトゥンは太古の混沌と、荒々しく破壊的な大自然の力を象徴しています。ヨトゥンたちと、オーディン率いる北欧の神々とのあいだには争いが絶えません。神々の勝利は、むきだしの自然に対する文化や文明の勝利を象徴しています。しかし、用心は欠かせません。この世の終わりには、ラグナロク(神々の黄昏)が待っているのです。炎の巨人が世界樹ユグドラシルに火を放ち、あらゆる生き物が猛火のなかで死に絶え、宇宙が崩壊するといわれています。

ゴリアテ

若きダビデと巨人ゴリアテの戦いは、ユダヤ・キリスト教の聖書やイスラム教のコーランのなかで語られています。紀元前11世紀、サウル王率いるイスラエル軍と、カナン南岸部に侵入したペリシテ軍は、戦闘のさなかにありました。ゴリアテの身長は、「4キュービットと1スパン(約2m)」とも、3mともいわれています。

ゴリアテは、毎日のようにイスラエル軍のなかで最高の戦士と戦わせろ、と挑戦します。イスラエル軍は恐れをなしますが、ダビデだけは、自分が戦おうとサウル王に申し出ます。投石器と滑らかな石だけを携えたダビデは、神の加護を受け、たった1投でゴリアテを倒します。ダビデが巨人の剣をとり、その首を切り落とすと、脅えたペリシテ軍の兵士たちは逃げ去りました。

ミケランジェロ作の大理石のダビデ像(1504年)は、他の多くの芸術作品とは異なり、ゴリアテとの戦いを前に、全身に緊張を漲らせています。

ダビデとゴリアテ

フォモール族

アイルランドに最初に侵入したと神話に伝えられるのはフォモール族で、その単眼の王は邪眼のバロールと呼ばれました。北欧のヨトゥンと同じく、フォモール族は混沌とした自然を象徴しています。人身馬頭の姿のものもいれば、魚のような鱗に覆われ、足の代わりにひれを生やしたものもいます。11世紀の文献によれば、単眼で、手足が1本ずつのものもいたとされます。また、美しい人間の姿のものもわずかに存在したといわれます。邪悪なフォモール族は、光の力を象徴するエルフに似たトゥアハ・デ・ダナーン族という新しい神々と戦います。孫に殺されるという予言を受けたバロールは、娘のエスリンを幽閉していましたが、エスリンはトゥアハ・デ・ダナーン神族の王キアンと結ばれ、ルーが生まれます。神族の長となったルーは、少年ダビデと同じように投石器でバロールに立ち向かいます。石はバロールを直撃し、危険な単眼を頭の後ろまで押し込んだので、その視線はフォモール族の戦士たちを襲うことになりました。

ポール・バニヤン

すべての巨人が危険なわけではありません。アメリカ民話に登場する有名なポール・バニヤンは、怪力をもつ巨人の木こりです。ミネソタ州ではその足跡から10,000もの湖が生まれました。また斧を引きずったあとには、アリゾナ州のグランドキャニオンができ、焚火を消すために岩を積みあげた場所は、オレゴン州のフッド山になりました。彼が連れている青い牡牛のベーブも巨体をもち、2本の大きな角のあいだの距離は、斧42本分もあるといわれます。

ポールとベーブにまつわる物語は、19世紀の材木伐採場で、焚火を囲んで語り継がれました。ポールはそのとてつもない大冒険のなかで、ランプの炎が凍るほどの酷寒の夜や、着地するのに滑走路が必要なほど巨大な蚊に打ち勝ちます。これは、勇気と勤勉によってあらゆる困難を乗り越えていくアメリカ開拓民のたくましいバイタリティーを象徴しています。

ポール・バニヤン

グレンデルとその母親

グレンデルとその母親

初期のアングロサクソンの叙事詩には、英雄ベオウルフと戦う強敵として、巨人のグレンデルとその母親が登場します。これは中世初期（750～1000年頃）にイングランドで成立した叙事詩です。物語の舞台は5世紀後半から6世紀初頭のスカンジナヴィアですが、これはアングロサクソン人がイングランドへ入植をはじめた時代にあたり、移民とともにベオウルフ伝説もイングランドへと伝えられたのでしょう。

グレンデルとその母親の姿は、叙事詩のなかではっきりと語られてはいませんが、鋼鉄のように硬い皮膚と、人間を噛み砕くほど丈夫な顎をもつ巨人だとされています。親子はフロースガール王が建てた豪奢なヘオロット宮殿のそばの沼のなかに棲んでいました。文明社会から見捨てられたグレンデルは、宮殿で開かれる宴を毎晩のように襲い、多くの兵士を食い殺します。そこへイェーアト族の若き戦士ベオウルフが現れ、協力を申し出ます。

ある晩、グレンデルは宮殿を襲い、ベオウルフの部下のひとりを餌食にします。壮絶な戦いののち、ついにベオウルフはグレンデルの腕をもぎとり、怪物は逃げ帰った棲み家で絶命します。

グレンデルの母親の復讐

翌晩、グレンデルよりもさらに恐ろしい母親が宮殿を襲い、息子を殺された復讐としてさらに兵士を殺します。母親を追ったベオウルフと部下たちは薄気味悪い沼にたどり着きます。沼のなかの棲み家で、ベオウルフと恐るべき敵との戦いが繰り広げられます。そしてベオウルフは、棲み家にあった敵の剣で怪物の首を切り落とします。その剣は、余人には使いこなせないほど巨大なものでした。ベオウルフはグレンデルの首も切り落とし、勝者としてヘオロット宮殿に戻ります。

ベオウルフの最期

時が過ぎ、王になったベオウルフは、ドラゴンを相手に最後の戦いにのぞみます。ドラゴンは退治したものの、ベオウルフも大怪我を負い、やがて命を落とします。そして自分が倒したドラゴンの宝とともに、海を見下ろす丘に埋葬されました。

『トロルと少年』(ジョン・バウアー画)

トロルとオーグル

トロルとオーグルは、ヨーロッパ北部の民話やおとぎ話に登場する伝説の巨人で、とくに19世紀に多くの物語が書かれ、収集されました。北欧神話のヨトゥン(208ページ参照)と似ている部分もありますが、姿や性質はより多様です。邪悪で人間を喰らう巨人として描かれることもあれば、より人間やドワーフに近く、人里離れた丘や塚や洞穴などの地下に棲むものとして描かれることもあります。

スカンジナヴィア民話のなかでは、トロルはおおむね大柄で、凶暴で、醜い生物とされ、ときには角や、毛深いいぼだらけの肌や、長い腕や、曲がった背中や、大きすぎる耳や鼻をもつものとして登場します。たいていの場合、あまり頭はよくありませんが、狡猾な一面もあり、人間の宝を盗んだり、自分の子供と引き換えに人間の赤ん坊をさらったりします。

多くの話のなかで、トロルは夜行性で日光を浴びると石に変わるとされます。岩や丸太や動物に変身できるシェイプシフターであるものもいます。「トロル」という名前は、古代スカンジナヴィア語で「魔法」を意味する言葉に由来するともいわれます。

子供を喰らう

フランスやイギリスの民話やおとぎ話には、トロルに似たオーグル(女性形はオーグレス)という生物が登場します。トロルと同様、オーグルも超人的な巨体と怪力をもつ巨人で、頭と腹が不格好に大きく、長いぼさぼさの髪を生やしています。しかし何より恐ろしいのは、人間の肉、それもとくに子供の肉を好んで食べるということです。このため、子供のためのおとぎ話の中に怪物としてよく登場します。

トロルとのもうひとつの共通点は、頭がよくないといわれる点で、比較的簡単にだましたり負かしたりすることができます。またシェイプシフターもいますが、この性質を利用して、オーグルを退治することも可能です。有名なおとぎ話の『長靴をはいた猫』では、かしこい猫がシェイプシフターのオーグルをだまし、ネズミに変身させます。オーグルがいわれたとおりにすると、長靴をはいた猫はネズミに飛びかかり、食べてしまいました。

デーモン

デーモン(悪魔)は世界中の神話や伝説のなかにさまざまな姿で登場しますが、
多くの場合、超自然の力をもつ邪悪な存在とされます。
キリスト教の神話のなかでは、堕天使として扱われることもあります。

ラークシャサ

ヒンドゥー教の神話に登場するデーモンはラークシャサです。ヒンドゥーの叙事詩『ラーマーヤナ』では、ラークシャサはさまざまな姿や大きさで登場します。膨れた腹や、垂れ下がった胸や、長く突き出した歯や、ゆがんだ太ももをもった不快で醜い姿のものもいます。また、足が3、4本あるものや、頭が大蛇やロバや馬や象であるものもいます。肥満だったり痩せこけていたり、桁外れに背が高かったり小柄だったり、目や耳がひとつしかないものもいます。

伝説によれば、ラークシャサは非常に邪悪な人間だったため、その悪行の報いとして怪物に生まれ変わったとされます。神聖な儀式を邪魔し、僧侶たちに嫌がらせをして喜びます。人肉や人の血を好むので、墓地に出没して墓を荒らします。魔術や変身の術も操ります。

ラーヴァナ

ラーヴァナはラークシャサの王です。『ラーマーヤナ』のなかでは、10の頭と20の腕、銅色の目、大きく裂けた口をもつとされます。山のように巨大で怪力をもち、海をかき回したり、山の頂を引き裂いたりするとも書かれています。

『ラーマーヤナ』では悪役として描かれ、物乞いの老人に変身して、英雄ラーマの美しい妻シーターをさらいます。人間と動物の連合軍の助けを借り、ラーマはラーヴァナを追ってランカーの町にやってきます。ヴィシュヌ神とインドラ神もラーマに味方し、壮絶な戦いが繰り広げられます。一進

ラークシャサ

一退の戦況のなか、ついにラーマとラーヴァナの一騎打ちになります。

ラーマがラーヴァナの頭を矢で射抜くたびに、すぐに新しい頭が生えてきます。しかしラーマ側に寝返ったラーヴァナの弟が、ラーヴァナの再生力の源である臍を狙えばいいと教えます。ラーマがみごと矢を命中させてラーヴァナを倒すと、天から花々が降り注いでその勝利を祝しました。

鬼と妖怪

鬼は、日本の民話に登場するオーグルです。大柄で野蛮な亜人で、赤い肌や髪、角や鉤爪などの悪魔的な特徴を備えています。腰巻きや虎の皮だけを身にまとい、とげのある金棒を持っています。それに対し、妖怪はあまり害意のない精霊や魔物だと考えられています。

民話に登場する鬼は、人を喰らう邪悪なものとされ、勇敢な英雄によって退治されます。しかし鬼には守護者としての一面もあります。日本家屋の屋根の端にあしらわれた鬼面の瓦は、「鬼瓦」と呼ばれます。鬼の恐ろしい形相が、厄除けになると考えられています。

伝統的な日本文化として、毎年村々では、春の始まりである節分の日に、鬼を追い出す行事が行われます。人々は家の外や、鬼の面をかぶった家族のひとりに向かって大豆を投げ、「鬼は外！　福は内！」と叫びます。大豆が邪気を払い、家を清めると考えられているのです。

鬼

いたずら好き

鬼はほとんどの場合邪悪な存在ですが、妖怪（幽霊や精霊や悪霊の意）のなかには、厄介でいたずら好きなだけのものもいます。

- **ひとつ目小僧**は、子供ほどの背丈ですが、坊主頭で、顔の真ん中に大きな目がひとつついています。危険というより厄介な存在で、人間を驚かせたり、大声でしゃべっている者に黙れといったりします。
- **ろくろ首**は、昼間は普通の人間の姿ですが、夜になると首を長くのばしたり、鬼のような姿に変化したりします。トリックスターの性質をもち、人間を襲うというよりも、脅かしたり見張ったりする妖怪です。
- **抜け首**も、昼間は普通の人間の姿ですが、夜になると首から上が体から離れて飛び回り、獲物を探します。襲う前に叫び声をあげ、犠牲者の恐怖をかりたてます。首の付け根に赤い輪のような痣があれば、抜け首だとわかります。

カプレとその他のフィリピンのデーモン

カプレはフィリピンの民話に登場する木のデーモンです。人間に似た毛深い生物で、髭を生やし、身長は2〜3m、煙草を好み、たいていパイプや長い葉巻をくわえています。

カプレはアカシアやバンヤンなどの大樹に棲んでいます。野性的で、腰巻と魔法のベルトだけを身に着けています。そのベルトを着けると、人間にはカプレの姿が見えません。いたずら好きで、人間を混乱させて山や森で迷わせます。カプレの存在を示す目印は、煙草のにおいや樹上からたちのぼる煙です。また、風もないのに枝の音が聞こえたり、森の中から大きな笑い声や話し声が聞こえたり、たくさんの蛍が現れることもあります。

シグビン

シグビンは、角のない山羊に似たデーモンで、大きな耳を手のように打ち合わせます。頭を後脚のあいだに入れて、後ろ向きに歩きます。復活祭の期間中はとくに危険で、ねぐらから現れて、人間（とくに子供）の心臓を狙うとされます。

チャナック

チャナックは、ジャングルのなかで、泣いている人間の赤ん坊の姿をして現れ、旅人の気を引きます。旅人が子供を抱き上げると、チャナックは本来のデーモンの姿に戻り、鋭い爪と牙で獲物を襲います。

バティバト

バティバトは、カプレと同じく木に棲みますが、太った巨体の女性の姿をしています。棲んでいる木が切り倒され、家の支柱に使われると、バティバトは支柱の穴に隠れ棲み、夜になると人間たちを襲い、胸の上に乗って窒息させます。このとき、自分の親指を噛むか、足の指を動かして目を覚ませば、攻撃から逃れることができます。

カプレ

シェイプシフター

他のものへと変身できる能力をもつシェイプシフターは、
フィリピンや北米から、古代のケルト文化にいたるまで、
世界中の民話や神話に登場します。

アスワン

アスワンもフィリピンの民話に登場する人間を襲う怪物で、さまざまな姿に変身するシェイプシフターです。たいていは革のような翼と血まみれの牙を生やした魔女のような姿をしていますが、犬やコウモリや蛇にも変身します。

アスワンは墓を荒らして死体を喰らい、死体をかたどったバナナの幹を代わりに残します。また幼い子供も餌食にし、とくに肝臓と心臓を好んで食べます。

アスワンが人間界で肉屋やソーセージ屋として働いていると信じる人もいます。そして夜になると本来の姿に戻るのです。獲物のあとをつけるときは、足を後ろに向け、爪を逆に向けた格好で歩きます。攻撃を防ぐには、アカエイの尾や、輝く剣や、祖母の写真が効果的です。塩を振りかけるとアスワンの肌が焼け焦げると信じる人もいます。

ウェンディゴ

ウェンディゴは北米のなかでも、とくに北東部の先住民アルゴンキン族に伝わる神話に登場する危険な生物です。

ウェンディゴは悪霊で人肉を食べる怪物ですが、人間がウェンディゴに変身することもあります。一説には、ウェンディゴは長身で骨と皮ばかりに痩せ、顔は灰色で、目は落ち窪み、腐ったような悪臭がするとされます。また、牙と角のある巨大な獣で、人を食べるごとに大きくなるともいわれます。

アルゴンキン族の言い伝えのなかでは、ウェンディゴはつねに冬や北、寒さ、飢饉、餓えなどと結びつけられています。飢饉の際に他の人間の肉を食べると、ウェンディゴになることがあるといわれます。人肉の味に取りつかれた狂暴で飢えた怪物となるのです。おそらくウェンディゴの物語は、極限状態においても人肉を食べることを戒めるための文化的規制として作用しているのでしょう。

アスワン

お化けと狐

日本の民話には、超自然的な能力をもつ動物のシェイプシフターが数多く登場し、これらはまとめて「お化け」と呼ばれています。狸や蛇、ムジナ、化け猫、狼、土蜘蛛など、狡猾なトリックスターから、幽霊や人を喰らう恐怖の怪物まで、さまざまな性質をもったものがいます。

これらの性質をすべて備えたお化けもいて、たとえば狐がそうです。

賢明で親切な狐もいますが、いたずら好きなものや危険なものもいます。お化け狐は、普通の狐と見た目は変わりませんが、9本の尾をもつものもいます。尾の数が多いほどその狐は長命で、強い魔力をもつとされます。1000年生きた狐だけが9本の尾をもつという説もあります。

100年生きた狐は人間に化ける力をもちます。普通は頭の上に大きな葉か頭蓋骨を載せて、美しい娘や老人の男に化けます。中世の日本では、たそがれ時に若い娘がひとりで歩いていると、狐ではないかと疑われました。人に化けた狐は、尻尾を出したり、狐の形をした影を見られたりして正体を見破られます。

狐憑き

狐の魔物は、人間に取り憑いたり、狂わせたりします。狐が若い女性に取り憑くときには、爪の先や乳房から入り込みます。すると顔が狐じみてきたり、狐のように大食になったりします。叫びながら裸で往来を走り回ったり、狐のような鳴き声をあげたり、口から泡をふいたりすることもあります。

別の話では、狐は尾の先から火を出したり、時間と空間をゆがめたり、姿を見えなくしたりします。また巨大な木や、ふたつめの月などに変身し、人を脅えさせます。ヴァンパイアやサキュバス（188～195、196～197ページ参照）と同じように、性的な接触によって人間の生命力を吸い取る怪物狐もいます。

狐

ケルピーとアハ・イシュケ

スコットランドとアイルランドの民話に登場するケルピーとアハ・イシュケは、どちらも水辺に棲む馬で、よく似ていますが、ケルピーは淡水の川や湖や小川に棲み、アハ・イシュケは海や塩水湖を好みます。両者とも危険な存在ですが、アハ・イシュケのほうがより凶暴だといわれます。

ケルピーは普通、黒灰色や純白の毛並みの美しい子馬の姿で、川や小川の岸辺に立っています。たてがみからはいつも水が滴っています。迷い馬やおとなしい馬のふりをして旅人の気を引き、背中に乗せます。そして雷のような音を響かせたかと思うと、深みへと飛び込み、馬上で動けずにいる不幸な人間を溺れさせるのです。また、悲しげにいなないて、嵐が近づいていることを知らせるともいわれます。

シェイプシフターであるため、人間に化けて異性を誘惑することもできます。ケルピーが化けた人間を見破るには、髪に藻が絡みついていないか確認します。ケルピーの変身能力の源は、馬勒のなかに込められています。その馬勒をおさえてケルピーを手なずけることは、危険ですが試す価値はあります。捕らえられたケルピーは普通の馬の10倍の力を発揮するといわれるからです。

さらに恐ろしい存在

アハ・イシュケは、獲物を溺れさせるだけでは満足しません。背中に人間が乗ると、水中に飛び込んで、人間を引き裂き、肝臓以外はすべて食いつくします。かつて、スコットランドのアバーフェルディで、7人の少女とひとりの少年が湖のそばを歩いていると、草を食む子馬がいました。少女たちがひとりずつ子馬の背に乗っていくと、不思議なことにその背中はどんどん広くなりました。それを見た少年は逃げ出し、子馬が湖に飛び込むのを震えながら目撃します。翌朝、7人の少女の肝臓が岸辺に打ち上げられました。

ケルピー

家の精霊

イギリスの民話には、家に憑く危険な精霊や、いたずら好きな精霊がたくさん登場します。それらの大半がシェイプシフターであり、さまざまな姿で現れます。たいていの場合、小柄で人間と似たような姿をしていますが、鉤爪や突き出た歯などの悪霊じみた特徴も備えています。どれも特定の場所に出没し、特徴的な行動をします。

レッドキャップ

イングランドとスコットランドの国境付近にある廃城に棲む、小柄ですが残忍な霊です。犠牲者の血で染めたとされる赤い帽子をかぶっていることから、この名がつきました。しばしば鉄の斧をかかえ、鉄のブーツを履いています。旅人が廃城を訪れると、襲われることがあります。レッドキャップの追跡を振り切ることはできませんが、聖書の一節を暗唱すると、助かるかもしれません。

ボガート

家に棲みつく悪霊で、たいていはずんぐりとした毛深い姿で、悪臭を放つとされます。ものを失くしたり、ミルクを酸っぱくしたり、犬の足を悪くさせたりします。また、夜中にベッドシーツをはがしたり、冷たい手で顔をなでたりして、人間を脅えさせて喜びます。どこへ引越してもついてくるといわれますが、戸口の上に馬蹄を下げておくと、いくらかの予防になるとされます。

ボガート

ボーグル

スコットランドの民話に登場する危険な精霊で、凶暴な性格です。怠惰で反抗的な子供にちょっかいを出して喜びます。ミルク壷を倒したり、変な音をたてたりして子供が叱られるようにしむけたり、誰もいないときに人間の声で子供に話しかけて脅かしたりします。

グレムリン

機械に憑くとされる精霊で、第二次世界大戦中に、飛行機に取り憑いて悪さをしたといわれます。1942年の『ロイヤル・エアフォース・ジャーナル』の記事には、飛行中のトラブルの原因としてグレムリンの名前があげられています。ひとりの空軍兵士が、乗っていた爆撃機にトラブルが発生する直前、何らかの生物がエンジンをいじっていたのを目撃し、そのあとに機が急降下したためやむなく基地へと戻った、と証言しています。

ボーグル

ハッグ

ハッグは世界中の神話や伝説に登場する、
しわくちゃな老婆の姿をした危険な女の精霊の総称です。
多くの物語のなかで悪夢と結びつけられています。
眠っている人間の胸の上に座り、恐ろしい夢を見させるのです。
目を覚ました人間は、しばらく息ができなくなります。
昔の言い伝えでは、この状態を「ハッグに乗られた」といいましたが、
現代では「睡眠麻痺」という症状として説明されています。

ケルトと北欧のハッグ

北欧のハッグはマーラやマーレと呼ばれています。鍵穴やドアから寝室へ忍び込み、眠っている人間の上に乗って、悪夢を見させます。ヨーロッパのいくつかの言語では、「悪夢」を指す言葉はこの俗信が起源となっています。たとえばスウェーデン語の“mardröm”（マーレの夢）や、ノルウェー語の“mareritt”（マーレが乗った）などがそうです。人間の女性は、邪悪な行いや呪いによってマーラになることがあります。

ポーランドの神話にも、ノクニツァ（夜のハッグ）と呼ばれる同種の精霊が登場します。これは、とくに眠っている子供を苦しめます。ポーランドの母親は、子供を守るためにベッドに鉄のナイフを置いたり、ナイフでベッドのまわりに円を描いたりしました。

アイルランドとスコットランドにも、また別のハッグが登場します。カリアッハと呼ばれるそのハッグは、巨大な醜い老婆の姿で、たいていは杖を持ち、自然の猛威と結びつけられています。スコットランドでは青い顔をしていて、格子縞の肩掛けをまとっています。サムハイン祭（11月1日）になると山の棲み家から降りてきて、杖で地面を突きま

ハッグ

す。すると地面は凍り、寒風と吹雪がやってきます。歩き回るカリアッハの前掛けから落ちた石が、山や石塚などのさまざまな地形を形作ったとされています。アイルランドの神話では、カリアッハは「夏の乙女」を捕らえますが、心優しいカリアッハの息子のひとりが乙女を救出し、暖かい季節が戻りました。

ゴルゴン

ギリシア神話のなかでは、ゴルゴンは3人の女の怪物あるいはハッグで、なかでも有名なものがメドゥーサです。古代ギリシアの壷には、この3姉妹が、翼と、幅の広い丸い頭と、大きなぎょろ目と、大きく裂けた口と、突き出した舌と、猪のような牙と、蛇の髪をもった姿で描かれています。伝説によれば、ゴルゴンの右半身からとった血は死者を生き返らせますが、左半身からとった血は人を即死させる毒になるといわれます。

3人のゴルゴンのなかで唯一不死身の存在ではないメドゥーサは、もともとは美しい

メドゥーサ

女性でした。オウィディウスによれば、メドゥーサには人間の崇拝者がたくさんいましたが、海神ポセイドンの目にもとまります。ある日、ポセイドンはひとりでいるメドゥーサを見かけ、処女女神アテナの神殿で誘惑します。冒涜に激怒したアテナは、メドゥーサの美しい髪を醜い蛇に変え、怪物のような容貌に変えました。そしてのちにその顔を自分の胸当てにつけ、無敵の力を身につけました。メドゥーサの恐ろしい顔を見た者は石に変わるといわれます。ヘラクレスがメドゥーサの髪の房を使って町を攻撃から守ったという神話もあります。これらの物語から、ゴルゴンの頭部を戸口や壁、硬貨、盾、墓石などに魔除けとして刻む風習が生まれました。

女性の力の象徴

　恐ろしげなゴルゴンは、じつは怪物ではなく、むしろ女性の力や叡智の聖なる象徴だと考える学者もいます。大きく見開かれた目は、幻想を見破り、真実を見抜く能力を示しています。猪のような牙は、古代における再生の象徴であり、古代のアテナイでアテナに捧げられていた聖なる豚に由来しています。蛇の髪は、脱皮のイメージによって誕生と死と再生の循環を想起させます。このように考えると、恐ろしいゴルゴンの顔は、女性とその神秘性を守る役目を果たしているといえます。

バーバ・ヤーガ

ロシアと東欧の民話に登場するハッグは、バーバ・ヤーガです。他のハッグと同様、しわくちゃな老婆で、長い鉤鼻をしています。メドゥーサのように恐ろしく醜い姿で、飛び出た両目は見た者をすべて石に変えます。

バーバ・ヤーガは、樺の森のなかで、鶏の脚の上に建つ回転する小屋に棲んでいます。小屋の窓は目のようで、鍵穴には鋭い歯が生えています。小屋のまわりには人骨でできた柵があり、頭蓋骨が飾られています。毎日3人の不思議な騎士が、それぞれ白、赤、黒の服をまとって小屋を訪れます。バーバ・ヤーガが移動するときには、臼に乗り、杵を漕ぎながら宙を飛びます。飛びながら自分が通ったあとを樺の箒で掃き清めます。

おとぎ話のなかでは、バーバ・ヤーガは人食いの魔女として描かれ、人間たち(とくに子供)を小屋におびきよせ、餌食にします。『麗しのワシリーサ』というロシアのおとぎ話では、少女が意地悪な継母に命じられ、バーバ・ヤーガの小屋に火種を取りに行きます。バーバ・ヤーガは少女に仕事を言いつけ、できなければ殺すと脅します。母親にもらった魔法の人形の助けを借りて、ワシリーサは仕事を完璧にこなし、愛する父親との再会を果たします。

女精霊

物語のなかでは魔女として描かれますが、学術的には、本来バーバ・ヤーガは強力な女の精霊で、癒しと保護と導きを与える存在だと考えられています。メドゥーサが生と死の循環と結びついているように、古い言い伝えのなかでは、バーバ・ヤーガは生と死の水の番人とされます。死者に死の水と生の水を垂らすと、肉体は死に、魂が再生します。3人の騎士の存在も自然のサイクルとの繋がりを示しています。3人はそれぞれ昼間(白)と太陽(赤)と夜(黒)を象徴しています。

PART 4

自然界の精霊

聖と魔のはざま

精霊は、暗黒の世界の危険な生物と、
世界の神話のなかの聖なる生物の中間に位置する存在です。
妖精の起源については、「降格された天使」だという説があります。
もとは聖なる存在でありながら、天国と地獄のあいだに留まることを
強いられ、慈悲と無慈悲の両方の性質をもつにいたったというものです。

このパートでは、まず神話のなかに精霊の起源をさぐります。ギリシア神話の半神であるパンや、ケルトやヨーロッパの神話に登場するグリーン・マンは、荒々しい自然そのものを象徴する精霊です。ギリシアのニンフや、ヒンドゥー教のデーヴァは、森や川、山や天体、風、雲などの自然の諸要素を守り、支配する存在です。これらの神話から、やがてエレメンタルが登場しました。これは、空気・地・火・水の4大元素のエネルギーを擬人化した精霊です。

精霊と近い関係にあるのが、さまざまな文化のなかで妖精やエルフやドワーフとして知られている「小人」たちです。これらの生物を厳密に区別することはたやすいことではありません。たと

グリーン・マン

えば、北欧神話の闇のエルフや、地のエレメンタルのノームや、スカンジナヴィア民話のドワーフは、どれも地下に棲み、金属細工を得意としています。また、ブリテン島のブラウニーや、ドイツのコボルトや、スペインのドゥエンデは、どれも家事や農作業を得意とし、夜になると現れて家の仕事を手伝ってくれます。

このパートに登場する生物のほとんどは、人間に対して明確な害意をもつわけではなく、いたずらを仕掛けるだけです。たいていは食べ物を捧げ、プライバシーを尊重してくれる人間には、救いの手をさしのべてくれます。しかし失礼な態度をとったり、自然や生物に害を与えたりすると、精霊たちの怒りを買います。東欧の妖精ヴィーラは、動物を虐待する人間を魔法の輪のなかにおびきよせ、踊り死にさせます。エルフに似たデンマークのエレフォルクは、棲み家に近づきすぎた人間に息を吹きかけ、病気にします。

ペリ

パンとファウヌス

古代ギリシアでは、パンは大自然の精とされ、森や山や、狩猟や、牧夫や、羊の守護神とされました。古代の図像に描かれたパンは、角と、山羊の脚と尾と、しし鼻と、とがった耳をもった姿をしています。また、しばしばオオヤマネコの毛皮をまとっています。ローマ神話にはパンに似たファウヌスが登場し、多くの点でパンと同じ役割を果たします。

オリュンポスの神々よりも古い存在であるパンの名前は、牧夫を意味するギリシア語の"paon"に由来しています。また、ひとけのない場所にいる人間を不意に脅かす性質があるため、パンという名前から「パニック」という言葉が生まれました。

好色で野性的な性格で、葦笛で素朴な音楽を奏でることを好みます。オウィディウスの『変身物語』には、パンが最初の笛を手にする物語が語られています。美しいニンフのシュリンクスは、大勢の崇拝者に言い寄られていましたが、誰のことも相手にはしませんでした。ある日、狩りから帰る途中のシュリンクスに会ったパンは、欲望をつのらせます。パンにつきまとわれたシュリンクスは、ラドン川のほとりで川のニンフに助けを求めます。パンがシュリンクスをつかもうとした瞬間、川のニンフはシュリンクスを水の下に引き込み、葦に変えました。パンはシュリンクスを思って葦を摘み、笛を作って素朴なメロディを奏でました。

ローマのファウヌス

ファウヌスはたいてい狼の毛皮をまとい、酒杯を手にしています。豊穣の精として崇められるほか、自然や家畜の守護神でもあります。狼から家畜を守るため、ルペルクス(狼を遠ざけるもの)とも呼ばれます。毎年2月15日になると、ローマではファウヌスをまつったルペルカリアという祭式が行われました。これは山羊の毛皮をまとった神官が、街中を歩きながら山羊の皮の紐で見物人を打ち、豊作と家畜の多産を祈願する祭でした。

パン

ニンフ

ギリシア神話では、ニンフは特定の場所や自然の要素と結びついた女の精霊であるとされました。たいていはオリュンポスの神々、とくに狩猟の女神アルテミスに仕えていました。

ニンフは若く美しく優しい女性の姿をしています。長命ですが、不死ではなく、樹木などの自分が宿っている自然物が死ぬと、共に死ぬといわれます。岩屋や自然の祠にまつられることが多く、生命の源である泉などの自然の豊かさや創造性を擬人化した存在とされます。

ニンフはさまざまな自然の要素に宿ります。

- **水のニンフ**は、ネレイスと呼ばれ、マーメイドに似ています。海のニンフである3,000人のオケアニスたちは、ティタン神族のオケアノスとテテュスの娘たちです（128〜129ページ参照）。
- **地のニンフ**は、特定の地形に宿ります。オレイアスは山や渓谷に棲み、アルテミスの狩りのお供をします。アルセイスは人里離れた谷間や小さな森を守り、アウロニアスは牧場や山間の谷に棲み、しばしばパンに仕えます。
- **木のニンフ**は、特定の種類の樹木に宿ります。たいていは棲んでいる木と一体化しています。ドリュアスは樫の木のニンフで、ハマドリュアスはハシバミや、楡や、イチジクの木のニンフであり、メリアスはトネリコの木のニンフです。

オウィディウスは月桂樹に変身するダフネの物語を記しています。愛の神エロスが放った矢が太陽神アポロンに刺さり、アポロンは河の神ペネイオスの娘ダフネに恋をします。アルテミスを信奉し純潔の誓いを立てているダフネは、アポロンから逃がれようとします。アポロンがダフネをつかもうとした瞬間、ダフネは父親に助けを求めます。その声が発せられると同時に、ダフネの肌は樹皮に、髪は葉に、腕は枝に、足は根に変わりました。愛しい月桂樹を抱きしめたアポロンは、それを聖なる木と定め、その葉で冠を作ってかぶりました。

木のニンフ

ラ　ル

古代ローマ人は、森や丘、川、十字路などの特定の場所に宿る存在を、守護霊として崇拝しました。これらの精霊はラルまたはゲニウス・ロキと呼ばれ、自由に動き回ることはなく、それぞれが守護している場所のなかにだけ存在します。

美術作品に描かれたラルは、ほとんどが角杯と碗を両手に持っており、しばしば蛇を従えています。ローマでは、どこの家にもラルをまつったララリウムと呼ばれる神棚が設けられていました。これは小さな食器棚のようなもので、そこにラルの小像が安置されていました。またララリウムには、子孫繁栄を象徴するものとして蛇の絵が飾られることもよくありました。毎日、神棚に祈りと特別な食べ物を捧げると、ラルがその家を守り、豊作をもたらしてくれました。

フルドラ

スカンジナヴィアの民話に登場するフルドラは、森や家畜の群れを守る木のニンフです。毎日、家畜たちを見守りながら、山腹で歌を歌っています。

前から見ると、長い髪の美しい娘の姿をしています。裸だという話もあれば、農家の娘のような服を着ているという話もあります。しかし後ろから見ると、体が木の洞のように空洞になっています。牛や狐に似た長い尾をもち、それを人には隠しています。

フルドラが人間の男と結婚する話もあります。ある物語では、牛の尾をもつことは秘密にするという結婚の誓いを相手の男が破ったため、フルドラは男が聴力と正気を失うまで叩きのめします。また別の話では、夫にひどい扱いを受けると、炉から取り出したばかりの真っ赤に焼けた馬蹄を素手でまっすぐに伸ばしてみせ、自分の魔力を思い知らせるともいわれます。

ラ　ル

ケルヌンノス

ケルヌンノスはケルト神話に登場する獣の王で、野生動物の守護者です。パン（241ページ参照）やミノタウロス（81ページ参照）と関係があるとされるほか、ヒンドゥー教の獣王パシュパティとも類似性がみられます。

デンマークで発見された紀元前1世紀の銀製のグンデストルップの大釜には、胡坐をかき、ぴったりとした縦縞の上着とズボンを身につけたケルヌンノスが描かれています。頭には鹿の角が生えています。首にはトルクという王の首輪をつけています。片手にはもうひとつトルクを握り、もう片方の手には、牡羊の角が生えた大蛇を握っています。そのまわりには、牡鹿や猪や狼が描かれています。

ケルヌンノスの図像は、大自然や家畜や作物の豊穣と結びつけられ、儀式や宗教において重視されていたものと思われます。狩猟の王でもあり、自分が守護する動物を不必要に傷つけた人間には罰を与えます。同じような牡鹿の頭をもつ図像は、たとえば紀元前13,000年頃のものとされるフランスのトロワ＝フレールの旧石器時代の洞窟にも描かれています。

ケルヌンノス

グリーン・マン

グリーン・マンは、古代ヨーロッパの民話に登場する精霊です。自然界における再生や豊穣や復活を象徴しています。

頭や顔のまわりに葉を茂らせた姿や、頭部そのものが葉でできた姿で描かれます。樫の葉や枝が髪や髭と絡み合い、口からも伸びています。グリーン・マンの彫刻は、すでに6世紀には中世の教会や大聖堂に用いられていました。

グリーン・マンは緑の世界や草木や葉のもつ生命力を象徴する精霊です。

16、17世紀のイングランドの村々では、5月祭にグリーン・マンに似た緑衣の男性が登場し、グリーン・ジョージやジャック・イン・ザ・グリーンと呼ばれました。異教の豊穣の祭をしのばせる慣習にしたがって、緑衣の男性や人形を池や川に放り込み、牧場の緑が枯れないように雨乞いをしたのです。

アプサラス

アプサラスは、ヒンドゥー教・仏教の神話に登場する雲と水の女精霊です。半神を支配するインドラ神に仕えています。ガンダルヴァは男の精で、音楽の演奏に長け、その音楽に合わせてアプサラスがダンスを踊ります。

アプサラスは美しい娘たちで、優美な絹の衣をまとい、凝ったデザインの冠をかぶっています。夫であるガンダルヴァたちの奏でる音楽にのって見事な踊りを披露し、神殿の神々を楽しませます。夫のガンダルヴァは、半人半鳥あるいは半人半馬の姿で表現されることもあります。

アプサラスは『マハーバーラタ』などの多くのヒンドゥー教の叙事詩に登場します。もっともよく知られた逸話に、インドラ神がアプサラスのメナカに命じて賢者ヴィシュワミトラを誘惑させるという話があります。ヴィシュワミトラが神々の権威を脅かすほどの力をつけないように、苦行の邪魔をさせたのです。最初のうち賢者は、メナカの扇情的な踊りに見向きもしませんでした。しかし、突風でメナカの服が剥ぎ取られると、さすがの賢者もその魅力に屈したのです。

デーヴァ

ヒンドゥー教の神話に登場するデーヴァ（輝くものの意）は半神で、火や風、空気、雷、海などのさまざまな自然の力を支配する神聖な存在です。普通は英雄や非常に美しい人間の姿をしていますが、たくさんの腕や頭をもつ場合や、動物のような姿の場合もあります。

ユダヤ・キリスト教文化のなかの天使と同じように、デーヴァはヒンドゥー教神話のなかで重要な役割を果たします。とくにアスラやデーモン（216〜217ページ参照）と絶え間なく戦っていることで知られます。

ヒンドゥー教神話のなかでは、デーヴァはそれぞれ特定の自然の要素を受け持っています。

- **ヴァーユ**は空気と風のデーヴァです。レイヨウに乗って白い旗をもち、雲をかき回します。呼吸するものすべての息を象徴しています。
- **アグニ**は火のデーヴァです。7枚の炎の舌と、鋭い金の歯をもちます。牡羊に乗り、火のなかで燃やされた供物を最高神たちに届けます。2つの頭は、天界の光と、破壊的な地上の火という2つの属性

踊るアプサラスの彫刻

を象徴しています。

- **ウシャス**は暁紅のデーヴィ(女のデーヴァ)です。美しく魅力的な装飾をまとった若い女性で、太陽のデーヴァであるスーリヤの車に乗っています。生物に光明と覚醒と成長をもたらします。
- **チャンドラ**は月のデーヴァです。10頭の白馬が引く月の馬車で空を駆けます。植物に露を落とし、命を吹き込みます。チャンドラに祈りを捧げると、子宝に恵まれるとされます。

エレメンタル

16世紀、パラケルスス（1493〜1541年）と名乗る
スイス人の錬金術師・医師・自然哲学者が、ギリシアやローマの精霊たちと、
独自の医学的・キリスト教的・オカルト的な思想を結びつけ、
ひとつの説を提唱しました。

ノーム

4大元素

パラケルススは、精神の病を引き起こすと信じられた「デーモン」は、「超自然の」存在ではなく「自然の」存在だと述べました。肉体と霊魂の中間に位置するそれらの存在は、人間と同じように食事や、会話や、睡眠や、生殖の能力をもちます。その一方、霊魂と同じように、姿を変えることや、瞬時に空間を移動することもできます。

パラケルススは、これらの存在をエレメンタル（精霊）と呼び、アリストテレスの時代から自然を構成する基本要素とされてきた4大元素にしたがって4つに分類しました。

- 空気のエレメンタル・シルフ
- 地のエレメンタル・ノーム
- 火のエレメンタル・サラマンダー
- 水のエレメンタル・ウンディーネ

ウンディーネ

パラケルススは、神が世界の宝である4大元素を守護するためにこれらの4精霊を創造したと信じました。守らなければ、人間たちに破壊され、強奪されてしまうと考えたのです。たとえば、ノームは地下の洞穴に棲み、土に含まれる貴重な鉱石やミネラルを守っています。

人間に似た存在

エレメンタルたちは人間の姿に似ていますが、不滅の魂をもたない点が人間とは異なっています。彼らは、死ぬとそれぞれを構成している元素へと戻ります。1種類の元素だけから成り立っている点も、人間とは異なります。このような単一性のため、人間よりも高い「波動」で活動します。しかし人間には4大元素すべてが備わっているので、とくに敏感な人間ならば、この波動に同調し、エレメンタルと交流することができるのです。さらに、火山の噴火や竜巻や地震などの、巨大な自然の力が働くときならば、誰でもエレメンタルの力を実感することができます。激しい雷雨の際には、風（空気）や雨（水）、稲光（火）のエレメンタルの力が感じとれます。

シルフ

パラケルススによれば、シルフは空気と風のエレメンタルです。美しく、活力に満ち、しなやかな体の娘の姿をしていますが、身長は人間の女性よりもわずかに低めです。性質や気性は、気まぐれで移り気です。

空気のエレメンタルですが、山の頂上に棲むとされています。天に近い存在であることから、4精霊のなかでもっとも高い波動(251ページを参照)をもちます。

神秘主義者マンリー・P・ホール(1901～1990年)のような後代の作家たちが、シルフや他のエレメンタルに詳しい描写を付け加えました。ホールは、『古代の密儀』のなかで、シルフは空を飛ぶ存在であるため、雪片をおもしろい形にデザインしたり、雲を集めたりすることが仕事だと記しました。そのためにシルフはウンディーネの協力を得て、水分を供給してもらいます。またホールは、ギリシア神話のムーサはシルフだと述べました。それらのシルフたちは、芸術家のまわりに集まり、自然の美や作用についての独創的な理解を吹き込みました。

シルフ

ノーム

パラケルススによれば、地のエレメンタルはノームといい、洞穴などの地下に棲んでいます。身長30～45cmのグロテスクな小さい生物です。ほとんどが小柄な男の老人の姿で、長い白髭と突き出た腹をもち、多くが緑色や黄褐色の服を着ています。

地の精霊なので、木の洞から自由に出入りしたり、木や地面に溶け込むように姿を消したりします。集団で生活するノームもいて、これらは雪花石膏と大理石でできた地下の宮殿に棲み、ゴブという王が君臨しています。

ノームは、鉱物や金属や宝石などの地中の富を守っています。水晶を切り出したり、鉱脈を探し当てたりすることも仕事です。気質については、諸説があります。人懐こく親切だとする人もいますが、パラケルルスは、信用していない人間に対しては、意地悪やいたずらをすると記しています。

ノーム

サラマンダー

火のエレメンタルはサラマンダーといい、パラケルススによれば、体は細く、炎のように赤く乾いた肌をしていて、荒々しい性質だとされています。大プリニウスなどの他の学者は、体長30cmほどの鱗に覆われたトカゲのような姿だとしています。

中世には、サラマンダーは火の存在にとって不可欠だと信じられていました。サラマンダーがいなければ、マッチも、火打ち石も、火打ち金も、火花を生じることができないとされました。ルネッサンス期の芸術家・科学者のレオナルド・ダヴィンチは、サラマンダーは火を食べると記しています。

サラマンダーと火は、非常に古くから結びつけられていました。ユダヤ教のタルムード(200〜500年頃)には、サラマンダーは火から生まれたもので、その血を体に塗ればやけどをしないという一節があります。この俗信は、サラマンダーと呼ばれる実在のトカゲが、ねぐらの木切れに火をつけられても、なかから生きたまま這い出てくることから生まれたのかもしれません。

サラマンダー

ウンディーネ

ウンディーネ

水のエレメンタルであるウンディーネは、美しい女の姿をしていますが、パラケルススによれば、魚や蛇の姿をとるときもあります。肌はやわらかくて冷たく、水音とともに美しい声を響かせます。マーメイドやその他の水の精と同じように、森の泉や湖や小川に棲んでいます。

マーメイドと同様、ウンディーネも人間の姿になりきり、男性と結婚することができます。人間の魂を授かるために結婚するという話もあります。しかし、自分を裏切った恋人には手ひどい復讐をすることでも有名です。ゲルマン神話には「オンディーヌ」の物語が残されています。夫の騎士は、目覚めているあいだのすべての呼吸にかけてオンディーヌに愛を誓いますが、ほかの女性の腕に抱かれて眠っているところをオンディーヌに見られてしまいます。復讐に燃えたオンディーヌは、夫が少しでも眠ると、呼吸が止まって死ぬという呪いをかけました。

妖精

妖精は、精霊やエレメンタルと多くの点で似ていますが、14世紀以降は独自の伝承をもつようになりました。人間の姿をしていますが、空を飛んだり、呪文をかけたり、未来を予知したり、魔法を操ったりすることができます。文学のなかには多くの有名な妖精が登場します。ピーター・パンの友達のティンカーベルや、シェイクスピアの『夏の夜の夢』やトールキンの『指輪物語』3部作に登場する妖精の王国などがその例です。よく知られた羽のある妖精のイメージは、ヴィクトリア朝の民話に基づいたもので、古代の伝説のなかでは、羽ではなく魔法によって飛ぶものとされていました。

妖精とは？

詩や戯曲のなかでは、妖精は小柄なものとして描かれていますが、他の伝承のなかでは、背が高く、天使のようなまばゆい存在だとされています。妖精(fairy)という言葉の語源からも、本来は長身で光り輝くような力に満ちた存在であることがわかります。"fairy"という言葉は、運命を意味するラテン語の"fata"に由来し、これは人間の運命を支配すると信じられたギリシアの運命の3女神と結びついています。また、妖精とは「降格された天使」だという説もあります。もとは聖なる存在でありながら、天国と地獄のあいだに留まることを強いられ、慈悲と無慈悲の両方の性質をもつにいたったというものです。エリザベス朝のイギリスの人々は妖精を恐れ、いろいろな防衛策をとりました。たとえば、服を裏返しに着たり、妖精が集まるとされる、棘のある木や古代の円形の砦(妖精の砦)などの場所には近寄らないようにしていました。

子供をさらう

妖精は危険な存在にもなりうるため、こ

妖　精

ういった防衛策は不可欠でした。チェンジリング(取り替え子)と呼ばれる妖精の子供や魔法をかけた木切れと交換に、人間の赤ん坊をさらってしまうため、新生児のいる母親たちに恐れられていました。また大人もさらわれることがあり、妖精が棲むとされる「妖精の丘」(多くが古代の墳丘)に連れていかれました。妖精の食べ物を口にした人間は、人間界に戻ることができなくなります。

妖精物語集のなかでとくに魅力的なもののひとつに、スコットランドの聖職者ロバート・カークが謎の死を遂げる直前に書いた『秘密の共和国』(1691年)があります。伝説によれば、カークはアバーフォイルにある自分の教会の近くにある妖精の丘を歩いていたところ、不意に昏倒し、死んだものとされました。しかしその後、カークは親戚のひとりの夢枕に立ち、自分は妖精の国にさらわれたのだと告げます。そして今もなお、そこに捕らえられているのです。

妖精の分類

妖精は多くの神話や文化のなかで、さまざまに分類されてきました。もっとも便利な分類法は、シーリー・コートとアンシーリー・コートの2分法です。

シーリー・コート

スコットランド民話には、シーリー(「祝福された」または「神聖な」)・コートというものが登場し、これは役に立つ親切な妖精たちの集団です。たそがれ時に長い荘厳な行列をつくって行進する姿がよく見られます。人間の親切は喜んで受け、そのお返しに贈り物や幸運を授けます。たとえば、自分たちを崇拝する貧しい農民に、トウモロコシやパンを届けたりします。また宴会や狩りやダンスを好みます。

アンシーリー・コート

このグループに属する妖精は、人間に敵意をもっています。夜になると大勢で群れをなして現われ、旅人を宙に吊り上げたり、つねったり、髪をもつれさせたり、迷わせたりして嫌がらせをします。家畜の病気や死をひきおこすとも考えられています。人里離れた荒野や、流血と結びついた墓地

妖精の行進

や古戦場などの場所に好んで棲みます。

群れの妖精と
ひとりで暮らす妖精

アイルランドの詩人ウィリアム・バトラー・イェーツ(1865〜1939年)などのケルト文化の研究家たちは、妖精を群れで暮らすものと、ひとりで暮らすものとに分類しました。群れの妖精は緑の服を好み、釣鐘形の花を帽子にできるほど小さいものから、人間と交流できるほど大きなものまで、さまざまなサイズのものがいます。人懐こいものもいれば、邪悪なものもいます。妖精の丘に行けば、群れの妖精の生活ぶりを盗み聞きすることができますが、それには命の危険がともないます。

ひとりで暮らす妖精は、多くの場合、特定の家や場所や職業と結びついています。着る服は緑よりも赤や茶、灰色を好みます。群れの妖精たちの踊りやお祭り騒ぎを軽蔑していて、たいていは人間との交流のほうを好みます。たとえば、出会った人間に贈り物や祝福の言葉を授けますが、その贈り物を受け取った結果がどうなるかは、誰にもわかりません。

シー

シーは、アイルランドやスコットランド高地地方に棲む群れの妖精です。この名前は、妖精たちが棲むと考えられたシーという古代の塚に由来しています。妖精界の貴族であるシーは、長身ではっとするほど美しく、やわらかい肌と長くたなびく髪をもちます。長命で強大な力をもつことでも知られます。

言い伝えによれば、シーはケルト神話の神々や神格化された英雄たちの生き残りであるとされます。たとえば、ケルトの先史時代にマイリージャ族（アイルランドに移住したケルト民族）に敗れ、彼方の国に住むことを強いられたトゥアハ・デ・ダナーン神族（女神ダヌの一族）などが、これにあたります。夏至やサムハイン祭などの祝祭の時期には、シーたちは人間界にやってきて、ダンスや宴に興じます。伝統に忠実な人々は、民間の風習に従ってシーに供物を捧げ、怒らせたり、直接名前を読んだりしないように気をつけています。代わりに、「美しい人々」や「平和の人々」と呼びます。

シー

モルガン・ル・フェイ

美しく威厳に満ちたモルガン・ル・フェイ（妖精モルガン）は、アーサー王伝説に登場する強力な妖精の女王で、魔女でもあります。魅惑の島アヴァロン（リンゴの島）に棲む9姉妹の長です。

初期のアーサー王伝説のなかでは、モルガンは慈悲深い妖精で、アーサー王を生涯にわたり助けます。後代の伝説では、アーサー王の異父姉で、アーサー王との近親相姦によって息子のモルドレッドを産むとされます。最後の戦いでアーサー王に瀕死の重傷を与え、傷を癒すためにアヴァロンへと向かわせたのは、このモルドレッドでした。

モルガンが強力な女神から邪悪な魔女や妖婦へと降格されたように、中世のキリスト教文献のなかでは、妖精の存在は貶められていました。奇術や女性の叡智を恐れたキリスト教の年代史家たちは、他の女祈祷師や奇跡を行う女性たちと同じように、モルガンを魔女や女妖術師として非難したのです。

『夏の夜の夢』の妖精たち

ウィリアム・シェイクスピアの『夏の夜の夢』に登場する妖精の王国の描写は、当時の民間信仰を反映しつつも、妖精界についての一般的なイメージを大きく変えました。ギリシア神話のアセンズ(アテネ)を舞台としていますが、事件の起きる夏至の前夜に森に出没する妖精の群れは、イギリスの妖精らしい特徴を備えています。

気難しく、いかめしい妖精の王オベロンと、愛らしい妖精の王妃タイテーニアが、取替え子の少年をめぐって喧嘩をしています。その少年の母親は、タイテーニアを崇拝していましたが、出産で亡くなってしまったので、タイテーニアが赤ん坊を引き取ったのです。オベロンはその子を自分の臣下に加えたがりますが、タイテーニアは拒絶します。ふたりのいさかいのせいで、自然界の季節が狂い、霧や大嵐が生じます。

オベロンはタイテーニアをこらしめようと、子分のパック(ロビン・グッドフェローとも)に命じ、魔法の花の汁を王妃の瞼にふりかけさせます。媚薬のききめで、タイテーニアは目を覚まして最初に見た者に恋してしまいます。その相手はアセンズに住む滑稽な職人の男で、魔法で頭をロバに変えられています。この媚薬が2組の人間の恋人たちにもふりかけられますが、その組み合わせがまちがっていたために、劇はロマンティックに展開していきます。

妖精たちのダンスや森の中での大騒ぎは、シェイクスピアの時代の観客にはなじみ深いものだったでしょう。取り替え子や自然や魔法が妖精と結びつけられている点もそうです。パックがブラウニーやホブゴブリンとも呼ばれ、村の農家の娘や家畜の馬を怖がらせて喜ぶいたずら好きな自然の精霊であることも、その時代にはよく知られていました。しかしシェイクスピアは、伝統的なイメージと比べ、人間界の出来事により関心をもった情け深い存在として妖精たちを描いています。彼らは人間たちの恋の悩みに介入し、最後には結婚を祝福します。これ以後、妖精界は人間的なものと考えられるようになり、人懐こく、魅力的で、身近なイメージが定着したのです。

『夏の夜の夢』の妖精たち

ヴィーラ

東欧の妖精ヴィーラは、一般的に羽の生えた美しい女性として描かれ、裸か白い衣を着た姿で、長い髪を垂らしています。ただしシェイプシフターでもあるため、白鳥や馬、蛇、ハヤブサなどの姿や、つむじ風などの自然現象として登場することもあります。ヴィーラは森の奥深くに棲んでいます。植物や動物を果敢に守り、薬草に関する深い知識をもつことで崇められています。森の生物を傷つけた人間を魔法の輪のなかに誘い込んで踊り死にさせたり、地すべりで圧死させたり、川で溺死させたりします。

ヴィーラの起源には、諸説があります。不品行の罰としてこの世とあの世のあいだに留まることを強いられた女性の霊だという人もいます。また、婚約をしていたのに、婚礼の夜の前に死んでしまい、墓の中で安眠できずにいる娘たちの霊だとするロマンティックな説もあります。

ヴィーラ

ペリ

古代ペルシアには、ペリと呼ばれる妖精たちが棲んでいました。羽の生えた小さな女の精霊たちで、非常に美しく、体は虹色に輝いていました。

イスラム教誕生以前には、彗星や日食や作物の不作などの自然災害は、ペリが引き起こすといわれていました。イスラム教の到来により、ペリは、罪を悔いそびれて天国へ戻ることができなくなった堕天使であると位置づけられました。ペリたちをイスラム教徒に改宗させるために預言者ムハンマドが遣わされたとする言い伝えもあります。

それ以前にペルシアで盛んだったゾロアスター教の信仰のなかでは、ペリは光と自然の善なる力を象徴し、デーウという邪悪な闇の力と、絶え間なく戦っています。デーウに捕らえられ、樹上の鉄の籠に閉じ込められたペリが、仲間の運ぶ芳香を食べて生き延びたという話が伝えられています。

ペリ

エルフ

現在、エルフの概念は2通りに分かれています。
ひとつは、小さな人間の姿をした生物で、
一般にとんがり帽子をかぶった小柄な老人として描かれます。
魔法の技を使ってすばらしい作品を生み出し、おいしいクッキーを焼いたり、
北極にあるサンタクロースの工房でおもちゃを作ったりしています。
もうひとつは、J・R・R・トールキンの『指輪物語』3部作に登場する
エルフたちで、これは強力で、慈悲深く、人間と同じ大きさですが、
人間よりも美しく高貴な存在として描かれます。長命でいつまでも若く、
その強大な力を駆使して闇の力と戦います。
トールキンのエルフは独自の文学的創作ですが、イギリスや北ヨーロッパの
民間伝承に伝えられてきたエルフの特徴も受け継いでいます。

アールヴ

北欧神話のエルフはアールヴとして知られます。これらは光のエルフと闇のエルフの2種類に分かれます。

光のエルフ（リョースアールヴ）は、まばゆいばかりに美しい人間ほどの大きさの存在で、13世紀北欧の『エッダ』によれば、「太陽よりも明るい」とされています。天国と地上の中間にあるアルフヘイムという光の国に住み、天使のようにいつも人間に対して親切な存在だとされます。英雄は死後に光のエルフになることがあり、光のエルフと人間の女性の結婚も可能とされました。ふたりのあいだには、エルフの血によって並外れて美しい子供が生まれるといわれました。

闇のエルフ（デックアールヴ）は、『エッダ』のなかでは、光のエルフとは姿も行動も異

なるものとして描かれます。「ピッチよりも黒い」とされ、地下の王国に暮らします。魔力を駆使し、金属で剣や魔法の道具を作っています。闇のエルフは邪悪で強大ですが、中世のスウェーデンでは豊穣と祖先崇拝に結びつけられ、家族の生命力を高めてくれるものとして崇められ、供物を捧げられました。

光のエルフ

ヨーロッパ民話のエルフ

ヨーロッパのあらゆる文化のなかで、エルフはさまざまな姿と名前をもって登場します。慈悲深いとされるものもいれば、不快なものもいます。

イギリスのエルフ

イングランドとスコットランドの言い伝えによれば、エルフは人間ほどの大きさの超自然の存在で、出会った人間に害を与えるとされます。多くのバラッドにうたわれたエルフの棲み家「エルフェイム」は、薄気味悪く恐ろしい場所とされています。スコットランドでは、先史時代の矢じりを「エルフショット」と呼びますが、これは邪悪なエルフが家畜を傷つけるために使ったと信じられたためです。眠っている人の髪をいじって「エルフロック」というもつれ髪を作るともいわれます。

また、妖精のように子供を盗むともいわれます。スコットランドの東岸部の人々は、これを避けるために、3月の満月前の月の下で樫の枝と蔦を切って輪を作りま

ブリテン島のエルフ

す。子供にこの輪を3回くぐらせると、エルフから守られると考えられました。

スペイワイフ

アイスランド民話に登場する女のエルフは、スペイワイフと呼ばれます。人間の指ほどの大きさの農婦の姿をしています。古代の細長い墳墓や神聖な墳丘に棲み、病を治す魔法や薬草の知識に長けています。予言を得意とし（"spae"は予言を意味する古いノルド語に由来する）、茶の葉やルーン文字や自然の予兆を読み解き、未来を予測することができます。

エレフォルク

エルフはデンマークではエレフォルクとして知られます。女のエルフは、人間ほどの大きさで長い金髪の女性の姿ですが、後ろから見ると体が空洞になっています。歌と竪琴を好み、それがあまりに見事なので、若い狩人たちはしばしばその魅力の虜になります。男のエルフは女のエルフよりも小柄です。髭を生やした小柄な老人の姿で、黒っぽい色のぴったりとした帽子をかぶっています。エレフォルクたちは、田舎の吹きさらしの荒野にあるエレの丘に棲んでいます。棲み家に近づきすぎた人間に息を吹きかけ、病気にするため、危険な存在です。

ドゥエンデ

スペインの民話に伝わる家のエルフは、ドゥエンデといいます。女のドゥエンデは小柄な中年の女性の姿で、長い指をもち、緑や赤や灰色の服を着ています。男のドゥエンデはつばのない円錐形の帽子か、黒っぽい色の頭巾か、赤いキャップ帽をかぶっています。

夜になると、ドゥエンデは村の家々の白壁から出てきて、夜が明けるまで掃除や修理や鍛冶の仕事を続けます。意地悪なドゥエンデの場合は、ものを壊したり、散らかしたり、自分の棲む家の家族に悪夢を見させたりします。

ブラウニー

ブラウニー

ブラウニーは、エルフと同じように、イングランドやスコットランドの民話に登場する役に立つ家の精です。小柄な人間の姿をしていて、しわだらけの顔に、短い茶色のくせ毛を生やしています。茶色の服に、茶色の円錐形の帽子や頭巾をかぶっています。

ほとんどのブラウニーは、ひとつの家や農家に宿っていて、そこに何世紀も棲みついています。その家を守っていて、人間たちが喧嘩をしたり、家畜を粗末に扱ったりすると、気分を害します。

勤勉ですが、内気なので、夜になると出てきて仕事をします。家や納屋を掃除したり、穀物をひいて粉にしたり、バターをかきまぜたりしてくれます。家人はお礼としてクリームやお粥を1杯か、焼きたてのパンを1塊置いておきます。傷つきやすい性格なので、決して仕事ぶりをけなしてはいけません。いったん怒ると、やった仕事をすべて元に戻し、家族を見捨てます。

コボルト

コボルトは、ドイツ民話に登場する家の精です。ブラウニーと同じように、しわくちゃな顔の小柄な老人の姿をしています。この名前は「家」を意味する“kobe”や、「美しい」「よい」を意味する“hode”に由来しています。

コボルトが暖炉のそばや、納屋や馬小屋のなかに棲んでいると、どんな家でも美しくなります。夕食を取りわけておくだけで、家人が眠っているあいだに、やり残した仕事をすべて片付けてくれます。

ある伝説によると、ケルンの町のコボルトたちは非常に働き者だったので、町の住人は1日中怠けて暮らしていられました。あるとき、仕立屋の妻が、仕事中のコボルトたちを見たいと思い、滑って転ばせようと床に豆をばら撒きました。激怒したコボルトたちは姿を消し、魔法の助けを失ったケルンの住民たちは、すべての仕事を自分でやらなければならなくなりました。

コボルト

ドワーフ

「小人」とも呼ばれるドワーフは、奇妙な形の鼻や足が特徴のずんぐりとした老人の姿をしていて、世界中の民話に登場します。ほとんどのドワーフが地の精なので、山の洞穴や地下の採掘坑に棲んでいます。

北欧神話の闇のエルフと同じように、鍛冶を得意とし、剣や兜や盾や鎖かたびらや指輪などの魔法の道具を作っています。たいていはシェイプシフターであり、姿が見えなくなるマントや指輪などの魔道具をもつとされることもあります。

ゲルマン神話に登場するドワーフは、3つのグループに分類されます。白ドワーフは優しくて穏やかな性質で、冬は地下で美しい金銀細工を作っています。しかし夏になると、牧場や森で浮かれ騒ぎます。茶ドワーフは、見た目はブラウニーに似ていますが、より危険な存在です。人間の赤ん坊をさらったり、狙った家にいたずらをしかけたり、家人に悪夢を見させたりするといわれます。黒ドワーフは、完全に敵意に満ちた存在です。偽りの灯火を照らして船を座礁させ、積荷を奪います。また、鍛冶の腕を駆使して危険な武器を作り、呪文をかけてさらに強力にします。

北米のドワーフ

アメリカ先住民族の神話にもドワーフが登場します。ミシガン州デトロイトの赤いドワーフ(ナン・ルージュ)は、災難の予兆であるといわれます。燃えるような赤い目をしたその小人は、1701年に、デトロイトを建設した白人入植者アントワーヌ・ドゥ・ラ・モット・カディヤックの前に現われました。まもなくカディヤックは財産を失い、フランスに呼び戻されました。1763年には、ポンティアックの反乱(先住民がイギリスに対して蜂起した事件)の予兆として再び現われました。1805年、再びドワーフが現われた直後に、今度は町が全焼しました。都市伝説によれば、1967年に警察の手入れが引き金となってデトロイトに暴動が起こった夜、ナン・ルージュが通りのまんなかで側転をしていたといわれています。

白ドワーフ

ピスキー

ピスキーともピクシーとも呼ばれるこの小人は、イギリスのデヴォン州やコーンウォール州などに伝わる民話に登場します。翼はなく、人間ほどの大きさで、つり目ととがった耳をもち、しばしばとんがり帽子をかぶっています。

丁重に扱い、食べ物の椀やミルクの皿を置いておくと、家の仕事を手伝ってくれることもありますが、ほとんどの場合、いたずらをしかけてきます。油断している人間を狙い、荒れ地で道に迷わせたり、馬を盗んだり、たてがみを結んでから返したりして驚かせます。

人間の子供を「借りる」ことでも知られます。あるとき、コーンウォール州セントアレンの少年が、3日も行方不明になりました。やがて、母親と最後に別れた場所で眠っているところを発見されます。少年は、宝石で光り輝く洞窟に連れて行かれ、夜空の星のようなものたちから蜂蜜を与えられ、子守唄を聞かされたと語りました。

ピスキー

レプラコーン

アイルランド民話に登場する小人の一種で、いたずら好きなドワーフに似た生物です。小柄な老人の姿で、緑の服を着て、銀のバックルのついた靴を履き、山高帽をかぶっています。靴直しを仕事にしているので、革の前掛けをかけて、小槌で靴を叩いていることもあります。

非常に裕福で、金や財宝の壷をいくつも埋めているといわれます。じっと見つめているとレプラコーンは逃げられませんが、ほんの一瞬でも目を離すと、笑い声を残して消えてしまいます。典型的な逸話として、レプラコーンを捕まえて、金の壷が埋まっている茂みの場所を白状させた男の話が残っています。男はその場所に赤い靴下止めで目印をつけ、財宝を掘るためのシャベルを取りにいきます。戻ってみると、野原一面に同じ赤い靴下止めが結ばれていました。

レプラコーン

PART 5

聖なるものたち

英雄、神々、神聖な存在

神々や英雄たちの物語は、世界中の聖なる伝承に登場します。
これらの物語、とりわけ自分の属する文化の物語が、
文字通りの事実であると信じる人もいます。
一方、想像の産物だと考える人もいます。いずれにせよ、聖なる神話には、
深遠で普遍的な意味をもつ崇高な真実が含まれているのです。

ここで紹介する聖なる物語には、重要な事柄が秘められています。そこに語られているのは、先史時代の史実ではなく、世界中の人間が抱く希望や、欲望や、恐れや、可能性の話なのです。読み進むにつれ、過去の人々と自分とのあいだに意外なほど共通点があることに気づくでしょう。先祖たちの心をとらえた問題は、今も変わらず私たちの関心事となっているのです。善と悪、欠乏と富裕、子供と家族、愛と死、そして人間の要求を満たし、厄災から守ってくれる神々の役割。これらは、数千年前の人々にとっても、私たちとっても、同じように身近な問題なのです。

このパートで紹介する聖なる生物たちの多くは神や女神ですが、すべてを網羅しているわけではありません。ここで扱うものは、すべて何らかの形で幻想生物に関連しています。見た目が架空の動物を思わせるもの、たとえば古代エジプトの獣頭の神や女神たちや、アメリカ南西部のホピ族のカチナなどもいます。また、動物の姿で存在したり、変身したりするものもいます。たとえばヒンドゥー教のヴィシュヌ神の化身や、恋多きギリシアの神ゼウスの変身譚も紹介します。ヘラクレスの12の功業のように、半神の英雄が幻想生物などの数々の敵と戦う伝説も取り上げます。

いずれにせよこれらの神話は、あらゆる生物のなかで人間にしか授けられていな

い能力によって生み出されたものです。それは物語を作る能力です。人間は、神々を含めた他のあらゆる生物について、語ろうとする生き物なのです。

龍神

古代中東の神話

チグリス・ユーフラテス川流域（現在のイラクおよびイランの一部）の
肥沃な土地は、メソポタミア文明と総称される
いくつもの古代文明を生み出しました。

メソポタミア文明

もっとも古い文明はシュメール（紀元前3100〜2000年頃）とアッカド（紀元前2350〜2200年頃）です。その後のバビロニア（紀元前2000〜1600年頃）やアッシリア（紀元前1350〜612年頃）は、広大な都市国家として発達しました。頑丈な城壁が都市を守り、巨大な神殿や宮殿が建てられました。国家を治めるのは半神の王で、その権威は複雑な儀式や神聖な祭式によって高められました。

これらの大文明は、高度な信仰体系や神話を発達させ、その多くは神殿の書記によって、シュメール人やアッカド人の発明した楔形文字で粘土板に記録されました。19世紀に、ウルやバビロン、ニネヴェなどの都市の王宮文書庫でこれらの粘土板が発見され、研究者によって解読されました。これにより、マルドゥクやギルガメシュなどの神話の神々や半神の英雄たちの偉業が、現代世界に広く知られることとなります。そこには恐ろしい幻獣たちとの壮大な戦いも語られています。

マルドゥク

鳥人ズーと水の神エアを描いた円筒印章

メソポタミアの幻想生物

メソポタミアの英雄や生物たちの存在は、粘土板の文書だけでなく、記念碑的な彫刻から、繊細な細工が施された円筒印章まで、さまざまな美術作品にも記録されています。円筒印章とは、石やガラスや瑠璃などの宝石で作られた円筒で、物語絵画が刻まれ、やわらかい粘土に押し付けて転がし、図柄を写しとるものです。ロンドンの大英博物館には、ギルガメシュとその親友エンキドゥが怪物フンババを退治する様子を描いた印章が展示されています。メソポタミア文明の影響力は絶大で、その神話や信仰は、周辺のシリア・パレスチナや小アジア(現代のトルコ)、ペルシアなどの文化や宗教にも取り入れられました。一部は旧約聖書・新約聖書にも組み込まれました。メソポタミア文明は、ペルシア帝国によって征服(紀元前539年)され、次いでアレクサンドロス大王に征服(紀元前331年)され、ついに滅亡します。

ティアマトを倒すマルドゥク

マルドゥクとティアマト

メソポタミアの叙事詩『エヌマ・エリシュ』(紀元前18～12世紀)は最古の創世神話のひとつです。毎年、大都市バビロンの新年祭で朗唱されたといわれ、バビロンの主神マルドゥクとドラゴンに似た怪物ティアマトとの戦いをうたったものです。ティアマトは原初の混沌を象徴する存在で、これを倒したことによって、宇宙が創造され、人間の文明が栄えたとされます。

神話によれば、原初の世界には、2つの大海だけが存在していました。甘い水を意味するアプスーと、塩水を意味するティアマトです。この2つの巨大な力が結ばれた結果、偉大なアヌやエアなどの神々が生まれ、さらにその子孫としてマルドゥクが生まれました。マルドゥクは、王者らしい威厳に満ちた人間の姿をしていて、しばしば髭を生やし、高い冠をかぶった姿で描かれます。

若い神々と原初の神々とのあいだに対立が生じ、エアはアプスーを殺します。ティアマトは復讐のために怪物たちの軍団を生み出します。その一員である恐怖の蠍人間ギルタブリルは、上半身が人間、下半身が蠍で、頭は天を衝き、その視線は死をもたらしました。軍団はティアマトの息子である恐ろしいキングーに率いられていました。ティアマトは、宇宙を支配する最高の権力者の証である楔形文字の粘土板「天命の書板」をキングーに授けました。またティアマト自身も、角の生えた頭と、鱗に覆われた蛇のような体と、強力な前脚と、巨大な尾をもつ怪物の姿をしていました。

最強の武神であるマルドゥクは、ティアマトと壮絶な戦いを繰り広げます。網でティアマトを捕らえ、口のなかに矢を放って心臓を貫き、鎚矛で頭を砕きます。そしてその体をまっぷたつにし、一方を天に、他方を地に変えました。さらにキングーも討ち果たし、天命の書板を手に入れたマルドゥクは、キングーの血と土を混ぜ、人間を作り出します。言い伝えによると、人間は神々の労役を肩代わりするために作られたということです。

ギルガメシュとフンババ

ギルガメシュ（紀元前2700年頃）は、ユーフラテス川沿いに栄えたシュメールの都市ウルクの王でした。「3分の2が神で、3分の1が人間である」といわれたこの王にまつわる物語は、石板に刻まれた楔形文字によって数多く記録されています。ニネヴェのアッシリア王アッシュールバニパル（在位紀元前669〜633年）の文書庫跡から発見されたものが、これらの物語をもっとも完全な形で伝えています。

若き日のギルガメシュは人民を弾圧していたため、神々は王の横暴を抑えるために、猿に似た「未開の人間」エンキドゥを生み出しました。エンキドゥは毛むくじゃらの体で、獣たちとともに暮らしていましたが、神聖娼婦に懐柔され、人間らしさを身に着けます。最初のうち、エンキドゥとギルガメシュは激しく衝突しますが、エンキドゥがギルガメシュの強さを認めると、ふたりは友達になり、大胆な冒険に繰り出します。杉の森の木を切って、ウルクの町に壮大な門を築こうとしたのです。森はフンババという巨大な怪物に守られていました。怪物の大きな体は鎧のような鱗で覆われ、ライオンの脚の先には禿鷲の爪がつき、頭には牛の角が生え、尾の先端は蛇の頭になっていました。フンババは命請いをしますが、エンキドゥに説き伏せられ、ギルガメシュはその頭を剣で切り落とします。

神々はフンババを殺した罪でエンキドゥを死に追いやります。親友の死に狼狽したギルガメシュは、永遠の命の秘密を求めて放浪します。そして死の水を越えたあと、ある男と出会い、海の底に生えているという不死の草の話を聞きます。ギルガメシュは足に石をくくりつけて海底の草を手に入れますが、それを使う前に蛇に食べられてしまいます。このため、蛇は脱皮して生まれ変わることができるようになり、人間は死から逃れられずにいるのです。

フンババ

ラマッス

ラマッスは、古代中東の神話や芸術に登場する守護神です。混成生物で、強さを象徴する牡牛やライオンのような体に、自由と速さを象徴する鷲のような翼と、高度な知性を象徴する髭の生えた人間の男の顔をもちます。

ニネヴェなどの古代バビロニアやアッシリアの都市遺跡で発見された巨大な像に見られるように、ラマッスは王宮の入り口の番人の役割を果たしていました。また玄関の敷居の下にもラマッスの絵が刻まれた銘板が埋められました。ラマッスの彫刻にはふた通りの表情があります。正面から見ると、立ちはだかっているように見え、側面から見ると、前進しているように見えます。

メソポタミアの神話によれば、ラマッスは人々が混沌と邪悪に立ち向かう手伝いをします。毎日、太陽神シャマシュが天に昇れるように、夜明けの門を開き、太陽の重さを支える手伝いをします。

ズー

ズー(アンズーとも)は、古代メソポタミア神話に登場する巨大な鳥の神で、ライオンの頭をもつ鷲の姿で描かれることがあります。鷲の体と、髭の生えた人間の上半身をもつとされる場合もあります。

ズーは天の主神エンリルに仕えていました。しかしエンリルの沐浴中に、宇宙の支配権を象徴する天命の書板(283ページ参照)を盗み出し、サブ山にある棲み家へと運びます。一部の神話のなかでは、エアが大いなる母神のベーレト・イリーに頼んで英雄神ニヌルタを産ませ、書板を取り戻しに行かせたとされます。激しい戦いののち、ニヌルタはズーの肺を矢で射抜いて殺し、エンリルに書板を返します。ギルガメシュの父ルガルバンダや、バビロニアの英雄神マルドゥクがズーを倒し、書板を奪還したとする説もあります。

ラマッス

ミトラ神と牡牛

ミトラ神は、ペルシア（昔のイラン）の光の神です。宇宙の秩序の維持を助け、神々とともに邪悪な力と戦いました。ミトラ神は、ペルシアや小アジアを発祥の地とする男性のみに開かれた密儀宗教が信奉していたもので、この宗教はローマ帝国期に最盛期を迎えました。死後も信者を守り、その魂が邪悪な力に支配されることを防ぐと信じられていました。ローマ時代には、皇帝から奴隷まで、あらゆる階級の男性信者がいました。

ミトラ神は洞窟の岩から生まれたとされるため、多くの場合、神殿は地下室に作られ、その天井には星空が描かれました。どの神殿にも天の牡牛を屠るミトラ神の図像が飾られていました。神話によれば、毎年春になるとミトラ神は牡牛を屠ります。その血からは葡萄が育ち、脊髄からは小麦が育ち、精液からはあらゆる種類の有用な動物たちが育ちます。飢饉が襲い、人類が存亡の危機に瀕すると、ミトラ神が天から現われ、天の牛を屠って豊かな実りをもたらすともいわれます。

神殿に飾られた図像には、星の模様のマントと三角頭巾を身につけたミトラ神が描かれています。赤い円錐形のやわらかいこの頭巾は、上部が前に折り曲げられていて、これは自由を象徴します。天の牛はおうし座を意味し、春を象徴しています。そのまわりを黄道十二宮の他の星座の動物たちが取り囲んでいます。犬はおおいぬ座やこいぬ座を示します。蛇はうみへび座を示すもので、牛の傷口から血を飲んでいます。秋を象徴する蠍はさそり座を示し、牛の睾丸を攻撃して弱らせています。ミトラ神の上には太陽と月の表象があしらわれています。

ミトラ教の暦では、もっとも神聖な曜日は日曜日とされ、もっとも神聖な日は12月の25日とされました。宗教学者は、これらのミトラ教の教義がキリスト教に組み込まれたと考えています。

牡牛を屠るミトラ神

聖書の生物

聖書には120種類以上もの生物の名前があげられています。
大半は普通の動物であり、移動方法によって大まかに分類することができます。
牛馬やライオンなどの「4本足で歩くもの」、
鱗やひれのある魚やクジラなどの「水を泳ぐもの」、
鳥やバッタなどの「空を飛ぶもの」、トカゲなどの「地を這うもの」などです。

聖書にはグリフィンやユニコーンなどの架空の動物も登場します。そのなかには、昔の人々の誤解から生まれたものや、実在の動物の旧称なども含まれています。たとえば、聖書に出てくるユニコーンは、すでに絶滅したオーロックスという角のある牛だと考える学者もいます。また、ここで紹介するように、象徴としての生物や幻想のなかの生物もいます。

エデンの園の蛇

エデンの園でアダムとイヴをそそのかした蛇の存在は、メソポタミアの神話の影響を受けているものと考えられます。脱皮によって生まれ変わることができる蛇は、誕生や、死や、再生と結びつけられていました。

エデンの園の物語には、本物の蛇のもつその他の特徴も盛り込まれています。たとえば、蛇の体型は人間の性衝動と結びつけられ、先の割れた舌は、偽りの言葉を示しています。

創世記のなかで、神はアダムに善悪を知る樹の実を食べることを禁じます。蛇はその実を食べると神のように賢明になれるとイヴをそそのかします。イヴは実を食べ、アダムにも食べさせます。ふたりは知恵を授かりますが、いいつけに背いた罰として楽園を追われます。蛇は「地を這い、塵を食べる」という呪いをかけられます。

それ以降の聖書の記述のなかでも、蛇は

エデンの園のアダムとイヴ

狡猾で人を欺くサタンとして扱われています。ミケランジェロによるシスティーナ礼拝堂の天井画など、ヨーロッパ美術のなかでは、蛇は女性の上半身をもつ姿で描かれ、誘惑者としての性質が強調されています。

ダニエルの幻視の獣

旧約聖書のダニエル書には、バビロニア王ベルシャツァル（在位紀元前553〜539年）の治世元年の出来事として、ヘブライ人の預言者ダニエルが夢に見た予言的な幻の話が記されています。

ダニエルの夢のなかに、海から来た4頭の架空の獣が現われ、その結果としてさまざまな出来事が起こります。

- ライオンの背中から鷲の翼が引き抜かれます。そして人間のように2本足で立ち、人間の心を与えられます。
- 3本の肋骨をくわえた熊が、多くの肉を貪るように命令されます。
- 4つの翼と4つの頭をもつ豹が、権力を与えられます。
- 10本の角をもつ恐ろしい獣が、巨大な鉄の歯で世界全体を食い尽くします。

4頭の獣は、4つの王国に相当するといわれます。翼のあるライオンは、ラマッスが神殿や宮殿の入り口を守っているバビロニアやアッシリアを示しています。熊はペルシアを示し、3本の肋骨はペルシア帝国の主な侵攻先を示しています。翼のある敏捷な豹は、アレクサンドロス大王によるペルシアへの電撃的な侵攻を表します。4つの頭は、アレクサンドロス大王の帝国が4分割されることを意味します。10個の頭をもつ獣は、ローマ帝国の歴代の支配者を示すものでしょう。たしかにこの帝国は、「世界全体を食い尽くし」ました。

エゼキエルのテトラモルフ

エゼキエルもまた、啓示的な幻を見たヘブライ人の預言者です。バビロン捕囚（紀元前550年頃）の時代、エゼキエルは4頭の獣の幻を見たと描写しています。それらは体は人間ですが、めいめい人間、ライオン、牛、鷲の顔をもっていました。翼が2対あり、1対が頭上に広げられ、もう1対が体を覆っていたとされます。

これらの獣はテトラモルフ（ギリシア語

4獣の夢を見るダニエル

で「4」を意味する“tetra”より）と呼ばれ、バビロニアの星座のシンボル（人間はみずがめ座、ライオンはしし座、牛はおうし座、鷲はわし座）と、キリスト教の象徴が組み合わせられたものと解釈されています。テトラモルフは、新約聖書の4人の福音書記者の登場を予言したものとされます。

リリス

リリスはサキュバスに似た女の夢魔で、空を飛び回って新生児を殺したり、夢魔を産んでふやすために男性を誘惑したりします。

リリスにまつわる伝説は非常に古くからあります。『ギルガメシュ叙事詩』のなかでは、女神イシュタル(シュメールではイナンナ)が魔法の玉座を作るために、聖なる柳の木を聖域に植えます。しかし木を切り倒そうとすると、惑わされない蛇が木の根元に巣を作り、ズー鳥が雛たちを木の枝で育て、闇の乙女リリスが幹に棲みついていました。ギルガメシュが蛇を殺すと、リリスは飛び去りました。

リリスが力を象徴する杖と輪をもち、ズー鳥の翼と鉤爪を生やした美しい裸の女の姿で描かれることがあるのは、この伝説に基づいているのかもしれません。

4世紀のユダヤ教のタルムードのなかの言い伝えでは、リリスはアダムの最初の妻だとされています。連れ合いが欲しいというアダムの希望に応え、神は魅惑的なリリスを作り出します。しかし、リリスはアダムの意のままにおとなしく組み敷かれるのを嫌い、それを強要されると、出奔してしまいます。神は3人の天使を迎えにやりますが、リリスは戻りません。その代わりに、死海近くで邪悪な精霊と交わって、毎日100人以上ものデーモンを産みます。

イスラム教の伝説では、サタンと交わり、魔神ジンを生んだとされます。反抗の罰として、神はリリスの子供を毎日何人も殺しました。

リリスはその復讐として、新生児(とくに男の子)を狙うのです。18世紀になるまで、ヨーロッパには新生児を護符で守る風習が残っていました。護符にはアダムとイヴの絵や、リリスを迎えに行った3人の天使の名前や、「リリスが近づきませんように」「この子を害悪からお守りください」という言葉などが記されました。

古代エジプトの聖なる動物と神々

古代エジプトは、紀元前3200年から紀元前332年まで、じつに3000年ものあいだ先進的な文明として栄え、神話の世界に多くの幻想生物を生み出しました。それらの多くは、複雑に入り組んだエジプトの信仰や風習のなかから生まれたものです。

神と女神

メンフィスやテーベなどの大宗教都市遺跡が存在することから、エジプトは神や王や神官に支配された国だと考えられています。エジプトの神々について知られていることの多くは、神殿の壁に描かれた神の姿や、王の墓に埋葬された絵画や美術品や工芸品から明らかになったものです。

しかし、エジプトの神々の物語は多くが失われ、その偉大な神話は、多くの場合、断片的な宗教文書や、神殿の壁に刻まれたレリーフや、棺の装飾や、その他の埋葬品に基づいて再構成しなければなりません。このため、神々の物語やその描写には、多くの異なるパターンが存在し、それらすべてが地理的にも年代的にも「正しい」とされるのです。

獣頭の神

エジプトの神々の多くは、聖なる動物や獣頭人身の姿で表され、その頭が神のもつ属性を象徴しています。遺体の防腐処置やミイラ化をつかさどるアヌビス神は、しばしば黒いジャッカルの頭をもつ人間の姿で表されます。これはジャッカルが墓場のある砂漠や山をうろつくためです。出産の女神ヘケトは、多産の象徴であるカエルの姿で描かれます。

そのほかの神々も、さまざま姿で登場します。上エジプトの偉大な女神であるハト

ツタンカーメンの墓で発見されたパピルス

ホルは、一般に2本の牛の角のあいだに太陽円盤をあしらった冠をつけた細身の女性として描かれます。ほかにも牛頭の女性や、ライオンや、蛇やカバの姿で表されることもあります。こういった半獣の姿は、ハトホル神の属性を示すものと考えられます。この女神は牛のような母性的な優しさを見せることもあれば、ライオンのような猛々しさや、蛇のような気まぐれを示すこともあります。

イシスとオシリスにまつわる伝説や神話からは、神々の化身などの多くの幻想生物が生み出されました。兄弟であるオシリスとセトの対立からも、架空の幻想生物がたくさん誕生しました。

イシスとオシリス

農耕神であり、死者を裁く冥界の神でもあるオシリスと、その妻のイシスのふたりは、もっとも重要なエジプトの神です。天空の女神ヌトと大地の神ゲブから生まれた兄と妹でもあり、母の胎内にいるときに恋に落ちたといわれます。

オシリスは、一般にミイラになった人間の姿で表現されます。白い円錐のような冠をかぶり、王権の象徴である牧杖と鞭を手にしています。イシスは多くの場合、空の玉座の冠をかぶった細身の女性として表現されますが、牛の角と太陽円盤をかぶっている場合もあり、これはハトホル女神の属性が取り入れられていることを示します。翼を広げた女性として描かれる場合は、死者を復活させる魔力をもつことが強調されています。

イシスとオシリスの神話には、多くの動物変身譚が見られます。イシスとオシリスの兄弟で、混沌の力を象徴するセト神は、オシリスを殺害して、その遺体をばらばらにします。一説には、オシリスを襲うときにワニやカバに変身したとされます。牡牛になって踏み殺したという説や、蚊になって刺し殺したという説もあります。体の破片をエジプト全土にばら撒いたため、小麦や大麦の実りとともにオシリスが復活した、ともいわれます。また、ナイル川に投げ捨てたという話もあります。

イシスは嘆き悲しみながら、愛する夫の体を探し、拾い集めます。ある言い伝えによれば、夫の体に香油を塗り、包帯で包み、オシリスを最初のミイラにしたとされます。魔法でオシリスを一時的に甦らせ、ホルス神を身ごもったという説もあります。イシスはハイタカの姿でオシリスの体の上を飛び、翼で命の息をその口に吹き込みます。イシスがホルスを抱いている像は、キリスト教の聖母子像の原型であるともいわれます。

イシス

セトとホルス

オシリスとイシスの息子ホルスは、成人したのちオシリスの後継者の地位をめぐってセトと争います。ホルスは一般にハヤブサの頭をもつ人間として描かれ、セトは湾曲した鼻先と、四角くぴんと伸びた耳をもつツチブタのような頭をした人間として表現されます。また、グレーハウンドに似た動物など、完全な獣の姿でも登場します。

神話のなかで対立するセトとホルスは、ほかにもたくさんの動物に変身します。セトはロバや牡牛に変わり、脱穀場で収穫された大麦を踏み荒らします。これは穀物がセトの敵であるオシリスの生命力の象徴だからです。牡牛に変身したセトは手下を丘陵地帯に集めますが、イシスは尾の先がナイフになった犬に変身し、セトから逃れます。

対立は80年ものあいだ続き、ホルスとセトは熊やライオン、蛇などに変身して戦いました。セトはホルスの左目をえぐり、ホルスはセトの前脚と睾丸を傷つけます。神々が協議を開き､幾度か戦いは中断しますが、どちらを勝者とすべきか結論は出ず、対立はおさまりません。

カバの姿で勝負

セトとホルスはカバに姿を変え、ナイル川に沈みます。川岸に立つイシスは、どちらが息子でどちらが敵なのか、見分けがつきません。銅の銛を投げますが、それはホルスに当たってしまいます。2投目はセトに命中させたものの、命請いをされてセトを放してしまいます。激怒したホルスは母親に傷を負わせ、砂漠へと駆け去りました。そこに女神ハトホルが現れ、ガゼルの乳でホルスの目を癒します。

最後には、神々の要請によって冥界のオシリスが判定を下します。オシリスはホルスを支持し、息子を王位につけなければ、冥界から大勢のデーモンを送り込むぞと脅します。ホルスは玉座につき、セトは神々のもとへ召され、暴風の神となりました。

ホルス

ハトホル

牛頭の女神ハトホルはイシスよりもずっと古い神です。考古学者が発見した初期王朝時代のナルメル王(紀元前3100年頃)の化粧板の装飾には、牛の耳と角をもつ女性の顔で表現されたハトホルの図像がすでに用いられています。このことから、ハトホル神崇拝は古い母権文化に由来するものとも考えられます。同様のハトホル神の図像は、デンデラのハトホル神殿の柱頭にも用いられています。デンデラではハトホル神の象徴である聖なる牛が崇拝されていました。

母性の象徴であるハトホルは、恋人や母親、復讐者、死者を守る者としての属性ももちます。鷹やハヤブサの頭をもつ初期のホルス神(イシスとオシリスの息子である若いホルスと区別するために、老ホルスとも呼ばれる)の母であり、恋人でした。のちには若いホルスの妻としてその息子のイヒを産んだとされます。また後世の神話では、ハトホルの属性がイシス女神に取り入れられていきます。ある物語では、若いホルスは母親のイシスの首を切り落とし、牛の頭とすげかえたとされます。

古代において牛が性衝動や多産の象徴とされたのは、女性の生殖器官と結びつけられたためだと説明する学者もいます。ほぼ三角形をした牛の頭と2本の角は、子宮と卵管に似ています。牛の乳房や豊富な乳は、明確に授乳を想起させます。デール・エル・バハリの神殿群で発見された第18王朝のファラオ・アメンホテプ2世(在位紀元前1453年～1419年頃)の像は、1体が牛の姿のハトホル神の頭の下に守られるように立ち、もう1体が跪いて乳房から乳を飲んでいます。

喜びや歌、音楽、踊り、性愛の女神でもあり、シストラムと呼ばれる古代の打楽器とも結びつけられていました。デンデラのハトホル神殿では、歓喜の象徴である息子のイヒ神が、聖なるシストラムを手にした裸の少年の姿で描かれています。

ハトホル

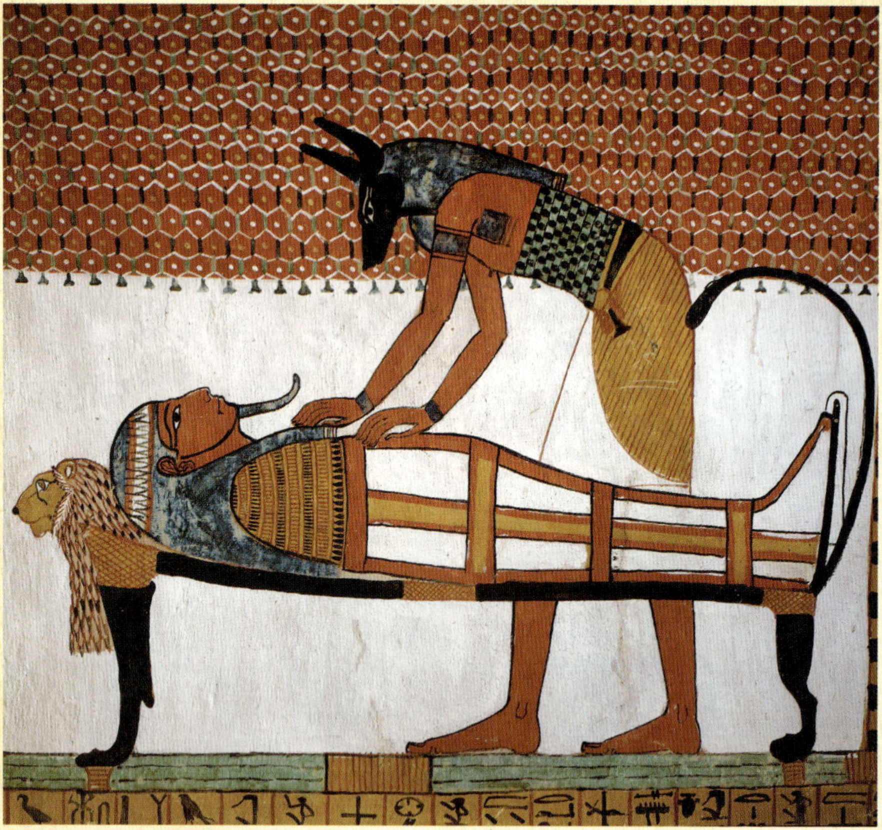

センネジェムのミイラの上にかがみこむアヌビスを描いた壁画

アヌビス

アヌビスは、オシリスとその妹のネフティスの息子で、黒いジャッカルの頭をもつ人間の姿で表現されます。ジャッカルは砂漠の墓場をうろつきますが、アヌビスは人を喰らうのではなく、番犬のように人を保護するものとして性格づけられています。エジプトの古い墓の大部分には、死者の守護者であるアヌビスへの祈りが刻まれています。

防腐処理の技術に優れたアヌビスは、複雑なミイラ作りの作業を取り仕切ります。遺体にスパイスをすり込み、死者を守り、不死をもたらす呪文をとなえます。エジプトの『死者の書』には、アヌビスが死者の魂を冥界の王オシリスの待つ審判の間へと連れて行くとされています。そこで死者の心臓が天秤にかけられ、真理の女神マアトの羽根と重さを比べられます。心臓が軽ければ、天国の楽園へと行けますが、心臓が重ければ、死者の魂は食べられてしまいます。

セベク

ワニの神セベクは、イシスと姉妹であるネイト(注:ネフティスと同一視されている)の息子です。一般にワニの頭をもつ人間の姿で表現され、アンクを握っています。アンクとは丸い持ち手のついた十字形のもので、その形はヒエログリフで「生命」を意味します。

セベクはイシスを手伝ってオシリスの体をナイル川から拾い集めます(298ページ参照)。また、冥界におもむいて、死者の遺体が死ぬときに受けた傷を修復する役目を果たします。

ワニは古代エジプトに数多く存在し、非常に恐れられていたため、セベク神信仰は、ナイル川のワニの脅威を鎮めるために始まったものかもしれません。ワニのミイラが墓から数多く発掘されることからも、エジプトの信仰におけるワニの重要性がうかがい知れます。セベク神信仰の中心地アルシノエは、ギリシア人によってクロコディポリスと改名されました。そこではワニが聖なる池に飼われていて、宝石で飾られ、人間の手から餌を与えられていました。やがてセベクは毎年のナイル川の氾濫によってもたらされる豊穣とも結びつけられました。

タウレト

タウレト（またはタウェレト）は、多産を象徴するカバの女神で、出産や、毎日の太陽の再生や、冥界での魂の再生をつかさどります。妊娠したカバが直立した姿で描かれ、豊かな人間の女性の胸と、ライオンの後脚と、ワニの尾をもちます。

イシス（298〜299ページ参照）のように太陽円盤と牛の角の冠をかぶり、「保護」を象徴するサア（牧夫の覆いを丸めたものの形）というヒエログリフにもたれ、「生命」を意味するアンクを手にした姿で描かれることもあります。

タウレトは、しばしばベスとともに守護神として出産の場に現われ、母子に危害を加える悪魔を追い払います。タウレトと出産が結びつけられたのは、カバがナイル川の肥沃な泥のなかに棲んでいることや、カバの母親が果敢に子供を守ることに由来しているともいわれます。タウレトの姿は護符に用いられたほか、ミルク用の器にも採用されていて、これは片方の乳首に開いた穴からミルクを注ぐ仕組みになっています。

ベス

ドワーフのような姿のベス神は、エジプトの民間信仰における家の守護神です。太った体で、髭を生やし、滑稽なほどに醜い姿をしています。たいていはライオンのたてがみや耳や尾を生やし、頭に羽飾りをつけた姿で描かれます。その特徴から、中央アフリカを起源とする神ではないかと考える研究者もいます。

出産の守護神であるベスは、出産の行われる部屋のまわりで踊りながら、ガラガラを鳴らして叫び声をあげ、悪霊を追い払います。赤ん坊が生まれると、ベスはゆりかごのそばで子供をあやし、悪夢を払います。赤ん坊が理由もなく笑うと、ベスがそばにいて滑稽な顔をしているのだといわれます。多くの家庭では、家と家族を厄災から守ってもらうために玄関口にベスの像を飾っていました。ベスはハトホルとも縁が深く、デンデラの神殿では踊ったり、リラやタンバリンを弾いたり、シストラムを振ったりして神々を喜ばせました。

ベス

セルケト

古代エジプトには蛇や蠍がたくさんいたため、女神セルケトは重要な守護神でした。多くの場合、蠍を頭に載せた女性として描かれますが、女性の頭をもつ蠍の姿で表現されることもあります。セルケトという名前は、「喉に呼吸をさせるもの」を意味します。これは、蠍の毒が喉の動きを邪魔し、呼吸を止めて死をもたらすことから来ています。セルケトは、毒のあるすべての蛇や爬虫類や動物を支配する力をもつとされます。それらに噛まれたり刺されたりした人間を治療する祈祷師やまじない師は、セルケトの力を信奉しました。

喉の締め付けを和らげる力をもつことから、死後の世界に対する信仰のなかでも役割を担っていました。死者が新たなる存在としてあの世で再生できるように、生命の息を与えました。また墓のなかでは、ミイラにされた遺体の腸を入れたカノプス壷を守る役目を果たしました。

ヘケト

エジプトのカエルの女神ヘケトは、妊婦や助産婦や赤ん坊などの、出産にかかわるすべてのものの守護神です。神殿の壁には、アンクを手にしたカエルの頭をもつ女性として表現されますが、護符にされるときは、たいてい動物の姿をしています。

妊娠出産の最終段階をつかさどる女神であるヘケトは、陶器のように土をこねて子供の体と魂を作り出すとされます。妊婦はしばしば安産のためにヘケトの護符を身につけ、エジプトの助産婦は、自らをヘケトのしもべと呼びました。

ヘケトはイシスとオシリスの神話にも登場します。ホルスが誕生したときに、その口に生命を吹き込んだといわれます。オシリスと同様に豊穣と関係が深く、とくにトウモロコシの発芽をつかさどるとされます。古代のエジプトで、カエルが豊穣や出産と結びつけられたことは、不思議ではありません。毎年、ナイル川の氾濫のあとには数百万ものカエルが誕生し、不毛の地を新しい生命で満たしました。

カノプス櫃のセルケト

セクメトとバステト

セクメトとバステト(またはバスト)は、どちらもエジプトの偉大な女神がネコ科の動物の姿で現れたものですが、一方は恐ろしく、他方は穏やかな性質をもっています。セクメトは血のような赤い服を着た女性の姿で、ライオンの頭に、太陽円盤とコブラを載せています。バステトは猫の頭をもつ女性で、母性の象徴として、子猫たちに取り囲まれた姿で描かれます。

バステトは東の空に昇る太陽と結びつけられ、セクメトは西の空に沈む太陽と結びつけられています。また、バステトは月と縁が深く、一方セクメトは、猛々しい太陽の炎の女であり、太陽神ラーの火を放つ目であるとする記録もあります。

神話のなかでは、人間たちの反逆の計画を知ったラーが、どのような罰を与えるべきか、他の神々に相談します。神々はラーの目を地上に遣わし、人間を滅ぼすように勧めます。ラーはこれに従い、世界を破滅させるべく、血に飢えた凶暴なライオンの女神セクメトを送り込み、人間たちを殺戮させます。無数の人間を血祭りにあげるセクメトを見て、ラーは後悔します。殺戮をやめさせるため、ラーは神官たちに命じて赤い色に染めたビールを地面に注がせます。ビールを血だと思ったセクメトは、それを飲んで酔っ払い、残りの人間の殺戮をやめました。

バステトは、愛と豊穣と官能の女神です。セクメトと同じように、ラーの娘だとされます。祭と陶酔の象徴であるシストラムという楽器を持った姿で描かれる場合もあります。バステト信仰の中心は、ナイル川のデルタ地帯のブバスティスでした。紀元前5世紀、ブバスティスを訪れたギリシアの歴史家ヘロドトスは、バステトをまつった豊穣の祭について記述しています。小舟に乗って集まった信者たちは、歌い、踊り、ご馳走を食べ、愛を交わし合いました。この地からは、ミイラにされた聖猫が埋葬された墓など、多くの発掘品が出土しています。

バステト

トト

トトはエジプトの神々のなかでもっとも重要な存在のひとりで、知恵や神聖な知識をつかさどる神です。さまざまな姿で描かれ、それぞれがトト神の多様な属性を示しています。

トキの頭をもち、三日月と月の円盤からなる冠をつけた人間の姿で描かれる場合は、時をつかさどるものとして、日々の長さや季節を定めます。トキの頭に、書記のパレットと筆をもっている場合は、神聖な記録の保管者であり、文字や筆記術の開発者であることを示します。三日月を頂くヒヒの姿の場合は、平衡をつかさどる神として、計算を行い、天界の秩序を保ち、天体の動きを定めます。死者を裁く役割も担い、秤が平衡を保っているかどうか見極めます。

また、魔術師や医者、書記の神でもあり、宇宙の神秘を解明した42冊の魔法の書を記したとされています。オシリスを復活させる呪文をイシスに教えたのもトトであるとされ、病の快癒を願うすべての人々に崇拝されています。神々の書記であるトトは、科学や宗教、哲学など、あらゆる分野の知識を書き記しました。その記録がなければ、神々さえ存在しなかっただろうとエジプトの人々は信じていました。

月の神として表される場合は、ヒヒの姿をしています。古代エジプト人は、ヒヒを賢い夜行性の生き物で、夜になると月に向かって「歌う」ものととらえていました。トキの頭で表される場合の湾曲したくちばしも、三日月に似ています。月の満ち欠けは容易に観測できるため、月はエジプトの天文学や占星術のなかで重要視されていました。重要な町の行事や儀式は、月相にしたがって計画されました。このためトトは暦の開発者ともされています。トトは太陰年(360日)の各日の長さから一部ずつを集め、それを合計した時間を1年の長さに加えて、365日の太陽暦を作り出したとされます。

トト

ネイト

太古の創造の女神ネイトには、いくつかの姿があります。デルタ地帯の町サイスでは、機織りの守護神として信仰されていました。またそこでは、死と再生の神秘をつかさどる母としても崇められ、ネイトをまつった点燈祭が年に一度行われていたことが、ヘロドトスの記述に残されています。この場合、ネイトは機織りの杼を頭に載せ、アンクをもち、死者のためにミイラの包帯を織る姿で描かれます。

狩猟の女神でもあり、戦士や狩人の守護神ともされました。この場合は、交差した矢を頭に載せているか、弓矢を手にもった姿で描かれます。

また創造の女神でもあり、原初の水のなかに唾を吐き、そこから邪悪な大蛇のアポピスが生まれたといわれます。アポピスは日の出と日の入りを狙って太陽の運行を邪魔し、空を赤く染めます。またネイトは、自分の体から有用なカエルや魚も生み出したといわれます。ワニ神のセベクを息子にもち、女神イシスの姉妹でもあります(305ページ参照)。

クヌム

太古の創造神クヌムは、もともとナイル川の源泉の神と考えられていました。絵画のなかでは、しばしば牡羊の頭をもつ人間の姿で描かれます。波打った角の形は、ナイル川の流れに似ています。角のひとつはエジプト北部を潤す水で、もう一方はエジプト南部を潤す水を示しています。

神殿の壁に描かれたクヌムは、たいてい甕をもち、そこから生命の源であるナイル川の水が溢れ出しています。ナイルの氾濫をつかさどるハピ神の助手として、毎年の増水の時期には、適量の泥土が水に運ばれるように取り計らっています。

クヌムは、ろくろを使ってナイル川の泥土から人間の子供の体と魂を作り出し、それを母親の子宮に入れます。カエルの頭をもつヘケト女神(309ページ参照)はクヌムの妻だとする記述もあります。クヌムの作った体に命を吹き込むことが、ヘケトの仕事です。

クヌムが描かれた壁画

ギリシア・ローマ神話のなかの神々、英雄、怪物たち

ギリシア神話は、多くの神々や英雄や怪物たちを生み出し、
西洋文化の基礎を形作りました。
ローマの文化や宗教に影響を与え、
ルネッサンス期には大いなる復興をとげ、現代にもなお息づいています。

ギリシアの影響は、ギリシア国内やその島々だけでなく、小アジア（現在のトルコ）や南イタリア、北アフリカ沿岸、エーゲ海や黒海に面した土地にまで及びました。時代的には、青銅器時代の紀元前1600〜1100年の都市国家の時代から、紀元前323年のアレクサンドロス大王の死を経て、紀元前146年頃のローマ人によるギリシア征服まで続きました。

それぞれの都市や地方には、独自の神話や英雄や祝祭がありました。しかし、ギリシア世界全体に知られた物語群もありました。たとえば、神々の王であり、オリュンポス山に君臨した最高神ゼウスの権威は、普遍的で、侵すべからざるものとされました。ゼウスの恋愛譚が数多く残されているのは、各地の人々が、自分たちの神や女神や英雄がゼウスの子孫であると主張することで、その力と権威の恩恵に浴したいと考えたためでしょう。同じように、アルテミスなどの偉大なギリシアの女神たちは、ギリシア文明と、世界の共有遺産である古来の母権文化とが結びついた存在です。

叙事詩

ホメロスの叙事詩は、ギリシア世界全体に知られていました。トロイア戦争（紀元前1190年頃）や、ギリシアの勇者オデュッセウスの帰還の物語は、約450年ものあいだ文字には記されませんでしたが、口承の物

メドゥーサが
描かれた
古代ギリシアの壷

語群の一部として語り継がれました。物語のなかでは、神々や王や、英雄、怪物たちが主要な役割を果たしました同様に、ヘラクレス（ラテン語ではヘルクレス）の冒険も、広く知られています。ギリシア世界全土にヘラクレスをまつった神殿が見られます。

ここに紹介する聖なる生物たちの多くは神や女神ですが、すべてを網羅しているわけではありません。ここで扱うものは、すべて何らかの形で幻想生物に関連しています。たとえば、アメリカ南西部のホピ族のカチナなど、見た目が架空の動物を思わせるものもいます。ヒンドゥー教のヴィシュヌ神の化身など、動物の姿で存在したり、変身したりするものも含まれます。さらに半神の英雄が幻想生物などの数々の敵と戦う伝説も取り上げます。ヘラクレスの12の功業などがこれにあたります。

いずれにせよこれらの神話は、あらゆる生物のなかで人間にしか授けられていない能力によって生み出されたものです。それは物語を作る能力です。人間は、神々を含めた他のあらゆる生物について、語ろうとする生き物なのです。

ゼウスとその伴侶たち

ギリシアの神々の王であるゼウスには、たくさんの伴侶がいました。そのなかには、女神もいれば人間の女もいます。これらの情事の多くには、変身が関係しています。ゼウスが姿を変えて欲望の対象に近づくこともあれば、ゼウスと出会った女性が変身させられることもありました。ここでは、とくに有名な物語をいくつか紹介します。

レダ

スパルタ王テュンダレオスの妻レダを誘惑するために、ゼウスは鷲に追われた白鳥に変身し、レダの腕のなかに逃げ込みます。ゼウスに抱かれたレダは身ごもります。その夜、レダは夫とも交わります。やがてレダはふたつの卵を生みました。ひとつの卵からは冒険家のカストルとポリュデウケスが生まれます。ふたりは、イアソンに従って金毛の羊(51ページ参照)を探す航海に出ました。ふたつめの卵からは、ヘレネとクリュタイムネストラが生まれます。

彼らのなかで、誰が人間で、誰が半神であったかは不明です。多くの場合、ヘレネは半神とされ、古代世界のなかでもっとも美しい女性に成長し、トロイア戦争の原因となりました。クリュタイムネストラは人間とされ、トロイア戦争でギリシア軍を率いたアガメムノンの妻となりました。

エウロペ

エウロペは、テュロス(現在のレバノン)の町を治めるフェニキアの王アゲノルの娘です。ゼウスはエウロペを我がものにするために、大きな白い牡牛に変身します。ある日、エウロペと侍女たちが牧場で花を摘んでいると、白い牡牛が現れました。牡牛はとても美しく、穏やかだったので、エウロペは恐れずに脇腹をなでてやりました。

すると牡牛は頭を下げ、背に乗るよううながしました。エウロペがそれに従うと、牡牛は海に飛び込んで泳ぎ去り、地中海を横切ってクレタ島までエウロペを運びました。そこでゼウスは鷲へと変身し、娘と交わりました。その後、エウロペはクレタ王と結婚します。ミノタウロスを迷宮に幽閉したことで有名なミノス王(81〜83ページ参照)は、エウロペの子供のひとりです。

牡牛に乗る
エウロペが描かれた
イタリアの壷

ダナエ

アルゴス王アクリシオスの娘ダナエと交わるために、ゼウスは黄金の雨に変身します。ダナエの息子が王を殺すだろうという予言がなされたので、王は娘を青銅の塔に監禁しました。ある晩、床についていたダナエが目を覚ますと、体の上に黄金の雨がやわらかに降り注いでいました。まもなくダナエは妊娠に気づき、生まれた息子にペルセウスと名づけます。

子供に気づいた王は、ダナエと子供を箱に入れて海に流しました。しかし、ふたりは岸辺に漂着します。やがてペルセウスは、アンドロメダを海の怪獣(143ページ参照)から救い、蛇の髪をもつ恐怖の女神メドゥーサ(232〜233ページ参照)を退治することになります。数々の冒険ののち、やがて予言は実現されます。競技に参加したペルセウスが円盤を投げると、偶然それが祖父のアクリシオスに当たり、命を奪ったのです。

セメレ

鷲に変身して生贄の牛の上を飛んでいたゼウスは、巫女のセメレを見初めます。セメレはテーバイの創建者カドモスの娘でした。人間の男に変身したゼウスは、セメレの愛人となり、セメレは子供を身ごもります。ゼウスは人間の姿でセメレに会いつづけていましたが、やがて自分の正体を明かします。

ゼウスの妻で、神々の女王であるヘラは、ふたりの情事を知り復讐に燃えます。老女に変身し、セメレに愛人の名前を打ち明けさせます。ヘラはセメレの話を疑うふりをして、もっとも華麗な姿を見せてほしいとゼウスにせがむように仕向けます。渋々これを承知したゼウスが稲妻と雷鳴とともに現れると、セメレは雷に打たれ、焼け死んでしまいます。ゼウスはセメレの胎内にいた息子を救いだし、自分の太腿に植え付け、臨月まで育てました。やがて子供は、葡萄酒と酩酊の神ディオニュソスとなりました。

ダナエとふたりの漁師を描いたローマの壁画

カリスト

カリストは、アルテミス(324～325ページ参照)に付き従うニンフです。貞潔を誓ったカリストは、アルテミスのお気に入りの従者でした。その美しさに欲望をかきたてられたゼウスは、アルテミスに変身し、油断したカリストを誘惑します。

カリストは妊娠を隠そうとしますが、アルテミスや他のニンフたちと泉で水浴びをしているときに、体の変化に気づかれ、追放されてしまいます。見捨てられたカリストは、放浪の果てにひとりで子供を生みます。嫉妬深いヘラは、ここぞとばかりに復讐を果たします。カリストの髪をつかみ、地面にたたきつけたうえ、熊の姿に変えてしまいます。

その後、成長した息子のアルカスが狩りをしていると、熊の姿の母親と遭遇します。カリストは母であることを伝えようとしますが、アルカスは矢でカリストを狙います。かつての恋人を哀れんだゼウスは、親子を星座に変えました。カリストはおおぐま座に、息子のアルカスはこぐま座になりました。

イ オ

ゼウスは、アルゴスの姫イオにも心を奪われました。ふたりの情事を妻のヘラに悟られないように、ゼウスは雲に変身し、イオを美しい白い牝牛に変えました。夫の裏切りを疑うヘラは、その牝牛を自分にプレゼントしてほしいと要求します。ゼウスは断ることができませんでした。夫が近づかないよう、ヘラは100の目をもつ巨人のアルゴスをイオの見張りにつけます。

伝令役のヘルメス神に救い出されたイオは、方々をさまよいますが、ヘラが差し向けた虻につきまとわれ、煩わされます。小アジア西岸はイオニアと呼ばれますが、これは虻に追われたイオがこの海岸を駆け抜けたといわれるためです。エジプトにたどり着いたイオは、ゼウスによって人間の姿に戻され、子供を生みます。ギリシア神話最大の英雄ヘラクレスはその後裔にあたります。

イオとゼウス

アルテミス

ギリシアの女神の多くは、動物と結びついています。愛の女神アフロディーテのシンボルは、白鳩であるとされます。生誕の地といわれるパポスにあるアフロディーテ像は、白鳩を抱いています。またパポスのあるキュプロス島のコインにも、白鳩が刻印されています。輝く瞳をもった知恵の女神アテナのシンボルは、夜間にも目が利くフクロウです。

しかし、もっとも動物と縁の深い女神といえば、ゼウスの娘で、太陽神アポロンと双子であるアルテミス（ローマ神話ではディアナ）でしょう。古くは、ポトニア・テロン（百獣の女王）と表現されました。翼を生やし、牡鹿や豹（または雌ライオン）の首根をつかんだ姿で描かれることもあります。紀元前680年頃に描かれた図像では、魚の絵があしらわれた前掛けをかけ、そのまわりを鳥たちや、三日月形の角を生やした牛や、獰猛な2頭のライオンが取り囲んでいます。これは、アルテミスが空と地と海の生物たちの女王であることを示しています。

後世の図像には、多くの場合、狩りをする乙女として描かれ、裸足か狩猟用のブーツを履き、弓と銀の矢が入った矢筒を携えています。狩猟の女神ですが、すべての野生動物の守護神でもあります。猟犬や牡鹿を従えた姿で描かれることもあれば、白鳥やサギなどの野鳥に手から餌を与える姿で描かれる場合もあります。ホメロス風賛歌には、狼やライオンや熊や豹が、崇拝するアルテミスのあとについて野原を歩く光景がうたわれています。

処女を堅く守るアルテミスは、非常に純潔を重んじました。狩人のアクタイオンは、ニンフたちと水浴びするアルテミスの裸体を偶然に見てしまいます。恥辱に怒ったアルテミスは、アクタイオンを牡鹿に変え、彼が連れていた猟犬の餌食にしました。

アルテミス

ヘラクレスの功業

ギリシアの英雄ヘラクレスは、ローマの時代にはヘルクレスと呼ばれました。ゼウスが人間の女アルクメネとのあいだにもうけた息子であるため、嫉妬深いヘラは、ヘラクレスに狂気を吹き込みます。そのためにヘラクレスは妻と子供たちを殺してしまいます。デルポイの神託を仰ぐと、ティリュンス王のエウリュステウスに従うようにとの託宣が下りました。エウリュステウスはヘラクレスに12の難業を課し、そのなかには多くの幻想生物が登場します。

ネメアのライオン

巨大で凶暴きわまりないライオンが、ネメア一帯を荒らしまわっていました。このライオンは通常の武器では退治できません。弓矢が役に立たないと知ったヘラクレスは、棍棒でライオンを殴り、素手で絞め殺しました。エウリュステウスの元

ヒュドラ

にその毛皮を持ち帰るために、ヘラクレスはライオンの爪で皮を剥ぎます。ライオンの毛皮と棍棒は、やがてヘラクレスのシンボルとなり、毛皮はヘラクレスに不死身の力を与えました。

レルネのヒュドラ

ヒュドラは、レルネの町近くの沼に棲む怪物で、多数の頭をもつ大蛇でした。その数は、9個とも100個ともいわれています。ヘラクレスが剣でひとつの頭を斬ると、そこからふたつの頭が新たに生えてきます。そこで甥のイオラオスの手を借り、ヘラクレスが切り落とした首の付け根を燃え木で焼きつくし、新しく頭が生えないようにしました。ヘラクレスはヒュドラの血に矢を浸し、毒矢を作りました。

ケリュネイアの鹿

この巨大な鹿は狩猟の女神アルテミスのもので、牡牛よりも大きく、青銅の蹄と巨大な黄金の角をもっていました。ケリュネイア山から名づけられたこの鹿は、放たれた矢よりも速く走れました。ヘラクレスはこの鹿を1年ものあいだ徒歩で追い続け、水を飲むために立ち止まったところを、毒の塗られていない矢で捕らえました。エウリュステウスに差し出したあと、ヘラクレスは鹿を放ち、アルテミスの元へと戻しました。

ケリュネイアの鹿

エリュマントスの猪

この巨大な野猪は、動物の女王アルテミスに捧げられたエリュマントス山に棲んでいました。剃刀のように鋭い牙で山中の畑を荒らし、村の人々を恐怖させていました。

エウリュステウスに猪を生け捕りにせよと命じられ、この地方を訪れたヘラクレスは、半人半馬のケンタウロス族に歓待されます。ヘラクレスに強要され、デュオニュソスから授かった葡萄酒の瓶を開けたケンタウロス族は、酒に酔ってヘラクレスを襲います。ヘラクレスはケンタウロスたちを毒矢で殺します。不死身のケンタウロスであるケイロンだけは死にませんでした。ケイロンの助言に従い、ヘラクレスは猪を山上の深い雪のなかに追い詰め、これを捕らえてエウリュステウスに差し出しました。巨大な獣に恐れをなした王は、瓶のなか(一説には便器のなか)に隠れ、ヘラクレスに猪を連れ去るように命じます。

アウゲイアスの家畜小屋

次に命じられたのは、アウゲイアス王が所有する数千もの家畜がいる小屋を掃除することでした。この家畜たちは、不思議なことに病気にかかりませんでした。そのため、長年にわたって糞や汚れが山のように蓄積していたのです。この仕事を1日で成し遂げるために、ヘラクレスはアルペイオス川とペネイオス川の水を小屋に引き込み、一瞬にして汚れを流し去りました。

ステュムパリデスの鳥

ステュムパリデスの鳥たちは、巨大な人食い鳥の群れで、真鍮の爪と鋭い金属の羽で獲物を襲いました。軍神アレスに飼われていて、ステュムパロス湖畔に棲み、一帯の穀物や果樹を荒らしていました。これを退治するため、ヘラクレスは巨大な青銅のガラガラを鳴らし、驚いた鳥たちが隠れ家から飛び立ったところを、毒矢で射殺します。

ヘラクレスとステュムパリデスの鳥

クレタの牡牛

エウリュステウスは、クレタ島を荒らしまわる巨大な白い牡牛を捕らえ、ティリュンスへと連れ帰ってヘラに捧げるようヘラクレスに命じます。この牡牛はエウロペをさらった牛だとする説や、パシパエと交わってミノタウロスを産ませた牛だとする説があります。ヘラクレスは素手でこの牡牛を捕らえました。しかしヘラクレスを許せずにいるヘラがその供物を拒んだため、牡牛は解放されました。

ディオメデスの牝馬

これら4頭の野生の牝馬は、トラキア王ディオメデスの飼い馬で、人肉を餌にしていました。ヘラクレスが斧でディオメデスを殺し、その肉を与えると、馬たちはおとなしくなります。ヘラクレスは馬たちの口を縛って連れ帰り、エウリュステウスはそれをヘラに捧げました。

ヒッポリュテの帯

勇猛な女戦士アマゾン族の女王であるヒッポリュテは、素晴しい帯を持っていました。エウリュステウスの娘アドメテがこれを欲しがります。ヘラは、ヘラクレスが女王をさらおうとしているとアマゾン族の女たちに言いふらします。女たちはヘラクレスを襲い、ヒッポリュテは命を落とします。ヘラクレスはその遺体から帯を取りました。別の説では、ヒッポリュテは逞しいヘラクレスの肉体に魅了され、無抵抗に帯を差し出したとされます。

ゲリュオンの牛

ゲリュオンは3つの胴体と3つの頭、6本の腕と6本の脚をもつ巨人です。双頭の番犬とともに、立派な赤い牛たちを守っていました。ヘラクレスは棍棒で犬を殴り殺したあと、ゲリュオンの額を毒矢で射抜き、その体を3つに引き裂きました。そして牛たちをエウリュステウスの元へ連れ帰りました。

ケルベロス

最後にヘラクレスは、恐ろしい冥界の番犬ケルベロスを捕らえます。ケルベロスは3つの頭と、大蛇の尾と、種々の蛇でできたたてがみをもっています(186～187ページ参照)。ヘラクレスは素手でこの怪物を倒し、エウリュステウスの元へ連れ帰りました。

ケルベロス

『オデュッセイア』の生物たち

『オデュッセイア』(紀元前800〜600年頃)は、ホメロス(紀元前850〜800年頃)の作とされる叙事詩で、トロイア戦争を戦ったギリシアの英雄オデュッセウス(ラテン語ではウリュッセウス)が、トロイア陥落後、イタケへと帰還するまでの長い旅についてうたったものです。その冒険のなかで、オデュッセウスは次にあげるような多くの幻想生物と遭遇します。

ポリュペモス

ギリシア軍の船団が嵐に遭って四散したのち、オデュッセウスとその部下たちは、キュクロプス(洞穴に棲むひとつ目の巨人)の島に到着しました。一行は食料を探すため、キュクロプスのひとりで、海神ポセイドンの息子であるポリュペモスの洞穴に入ります。そこへポリュペモスが羊の群れを連れて帰宅し、オデュッセウスたちを発見すると、部下を数人食い殺します。そして洞穴の出口を岩でふさぎ、オデュッセウスたちを閉じ込めました。

知略に長けたオデュッセウスは、葡萄酒でポリュペモスを酔わせ、とがった杭でその目を突いて視力を奪います。そして羊の腹に自分と部下たちの体をくくりつけ、翌朝、盲目のポリュペモスが羊の群れを外に出したときに、脱出を果たします。船に戻

ったオデュッセウスがポリュペモスをからかうと、巨人は船に巨石を投げつけます。ポセイドンは息子を盲目にされた仕返しに、10年ものあいだオデュッセウスを海でさまよわせます。

セイレン

その後、オデュッセウスの船は、セイレンたちの棲む島のそばを通ります。セイレンは鳥の体と女の頭をもつ怪物で、その歌声に魅了された船乗りたちは必ず命を落とすとされていました。そこにたどりつく前に、オデュッセウスと部下たちは魔女キルケの島で魔法をかけられ(豚の姿に変えられた者もいた)、そこで1年の月日を過ごしていました。そのキルケの忠告に従い、オデュッセウスは部下の耳に蝋を詰めさせ、自分はマストに体をくくりつけました。そうして、部下たちは船を漕ぎつづけ、オデュッセウスはセイレンの歌を聞くことができたのです。

オデュッセウスとセイレンが描かれたギリシアの壷

セイレン

スキュラ

スキュラとカリュブディス

セイレンの島を過ぎたのち、オデュッセウスは狭い海峡(イタリアとシチリア島のあいだのメッシナ海峡と伝えられる)を通過します。海峡の両岸には2匹の怪物が待ち受けていました。一方にいるのはスキュラといい、6つの首と6つの頭をもつ怪物で、それぞれの頭には鋭い歯が3重に生えた大きな口があり、下半身には、咆哮する犬たちと魚の尾がついています。他方にいるのはカリュブディスという渦巻きで、その正体は船を飲み込むほどの巨大な怪物が開いた口でした。

スキュラはかつて海のニンフ(128〜129ページ参照)でしたが、海神グラウコスがスキュラに恋していることに嫉妬した魔女キルケによって、怪物に変えられてしまいました。カリュブディスはもともとナイアス(128〜129ページ参照)のひとりで、海神ポセイドンの娘でしたが、父の王国を拡張するために大地に洪水を起こしました。その罰としてゼウスに海の怪物に変えられた彼女は、耐えがたい渇きに苦しめられ、海の水を飲み込み、渦巻きを作るようになったのです。

2頭の怪物は対照的な存在で、スキュラは合理性を、カリュブディスは神秘性を象徴しています。キルケの忠告に従い、オデュッセウスはスキュラに近い進路を選び、6人の部下を失っただけですみました。しかし太陽神ヘリオスの島に到着したオデュッセウスたちは、空腹からキルケの忠告を無視し、ヘリオスの牛を数頭殺してしまいます。冒涜の罰として、ゼウスは恐ろしい嵐を起こし、船を難破させました。筏代わりのマストにしがみついたオデュッセウスは、ふたたびスキュラとカリュブディスのいる海峡を通ります。そして岩から生えていたイチジクの木にしがみつき、すんでのところで渦巻きから逃れます。やがて女神カリュプソの住む島に漂着し、そこで7年のあいだ女神の夫として暮らすことを強いられます。

女神アテナの力添えによって、オデュッセウスはついに解放され、イタケへと帰還します。そこでは、成長した息子のテレマコスとともに、妻のペネロペに言い寄る求婚者たちと戦います。そしてついに、家族と王国を取り戻したのです。

ヒンドゥー教と仏教の聖なるものたち

インドやインドネシア、チベットにおける聖なる存在の描かれ方は、
西洋やヨーロッパのものとは大きく異なります。
西洋では、醜く描かれたものは、邪悪な性質をもつとされます。
しかしヒンドゥー教や仏教では、女神カーリーなどのように猛々しく
恐ろしげな姿のものや、バリ神話のバロンのように獰猛な獣の姿のものが、
しばしば慈悲深く神聖な生物であるとされます。

ヒンドゥー教と仏教の神話に登場する生物の原型は、ほとんどがインドで誕生しました。ヒンドゥー教の最古の文書はヴェーダと呼ばれ、その起源は紀元前1500年まで遡ることができ、そのはるか以前から、口承の形で伝えられてきたと考えられています。ヴェーダは神話の宝庫です。ヒンドゥー教の偉大な叙事詩である『マハーバーラタ』と『ラーマーヤナ』とともに、多くの幻想的な物語や生物たちを生み出しました。

ヒンドゥー教の神々は、さまざま姿をもちます。ヒンドゥー教は一神教ではなく、多くの神々を信仰し、それらの神の多くが、トリムルティと呼ばれる中心的な3大神の化身であると考えられています。3大神とは、創造をつかさどるブラフマー、維持と保護をつかさどるヴィシュヌ、破壊によって新たな創造の道を切り開くシヴァを指します。ヒンドゥー教や仏教の多様な神々は、それぞれ異なる存在のように見えますが、その根底に流れているのは、物事の本質は見た目では判断できず、目に見える姿は幻想でしかないという考えです。そのためヴィシュヌ神は10の化身をもち、そのどれもが宇宙の秩序を維持するという根本的な使命を帯びているのです。

ほかの土地に伝えられ、新しい形態へと進化するにつれ、ヒンドゥー教は土着の神話とも融合していきました。インドネシアでは、しばしば『ラーマーヤナ』に描かれた

シヴァの体の上で踊るカーリー

逸話やテーマが、土地の神話とともに影絵や踊りで表現されます。チベットでは、インドで発祥した仏教に独自の神話の諸要素が取り入れられ、多種多様な聖なる存在が生み出されました。チベット固有の精霊が仏法の守護者とされることもあります。

プルシャとプラジャーパティ

ヒンドゥー哲学では、世界は神が創造したものではなく、混沌から秩序が生まれたものとして考えられます。この過程を描写するために、さまざまな伝説の生物が用いられています。

初期のヴェーダのひとつのなかでは、プルシャ(宇宙の男)と呼ばれる原初の巨人が、デーヴァ神たちへの生贄となったとされます。切り離されたプルシャの体からは、宇宙のあらゆる構成要素が生まれました。プルシャには1,000の頭と1,000の足があったとする文書もあります。また、プルシャの思考器官が月となり、目が太陽となり、息が風となったとする記述もあります。体のその他の部分からは、ヒンドゥー教の神々が誕生しました。たとえば、ヴェーダの主要神であるインドラや、火の神アグニは、プルシャの口から生まれました。

インドの伝統的なカースト制度においては、人間もまたプルシャから生まれたとされます。口からはバラモン(祭司)が、腕からはクシャトリヤ(王族と戦士)が、腿からはヴァイシャ(商人)が、足からはシュードラ(奴隷)が生まれました。

生類の王

別のヴェーダのなかでは、「生類の王」であるプラジャーパティの物語が語られています。これは、混沌の水に浮かんでいた金の卵から生まれた原初の巨人です。プラジャーパティが最初に発した音が大地となり、次に発した音が空となりました。苦行の末に、プラジャーパティは両性具有である自らの体の要素を融合させ、最初の生物を誕生させました。娘である暁の女神も生み出しました。

自分の娘と交わりたいと願ったプラジャーパティは、牡鹿に姿を変えますが、暁の女神は牝鹿に変身して逃げ去ります。娘を追いながら、プラジャーパティは精子を撒き散らし、それによって人類が世界に登場したのです。別の説では、プラジャーパティはさまざまな動物の姿を借りて暁の女神と交わります。その結果、人間から小さな蟻にいたるまで、すべての生物のつがいが誕生しました。

プルシャ

ヴィシュヌ神の化身

ヴィシュヌ神は、ヒンドゥー教における世界を維持する神で、さまざまな動物や人間の姿で現れます。それらは化身あるいはアヴァタールと呼ばれます。世界が危機に陥ったとき、これらの化身が登場します。

魚の化身マツヤ

マヌ王は、大きな魚に食べられかけていた小さな魚を助けます。その魚マツヤはまたたく間に大きく成長し、ヴィシュヌ神の化身であることを明かします。魚の口からは、4本の腕をもつ青い色の上半身が現れ、世界を滅ぼす大洪水が迫っていることをマヌに告げます。そして巨大な船を作り、あらゆる植物の種とあらゆる種類の動物を乗せるようにといいます。大洪水が来ると、マツヤが船を安全なヒマラヤ山頂まで引いていき、一同はそこで新しい時代の到来を待ちました。

亀の化身クールマ

不死の聖水アムリタ(94ページを参照)を作るために乳海を攪拌する際、ヴィシュヌ神は亀のクールマに変身しました。クールマは一般に上半身がヴィシュヌ神で、下半身が亀の姿で描写されます。頑丈な甲羅でマンダラ山を支え、攪拌の軸となりました。

猪の化身ヴァラーハ

悪魔ヒラニヤークシャが大地を盗んで海の底へ沈めたとき、ヴィシュヌ神は、猪の頭と人間の体をもつヴァラーハとして現れました。1000年もの戦いの末に悪魔を倒したヴァラーハは、牙のあいだに大地を挟んで海から引き上げ、宇宙のなかのあるべき場所に戻しました。

獅子頭人身の化身ナラシンハ

ヴィシュヌ神は、人間の胴体と下半身に、ライオンのような顔と鉤爪をもった姿に変身し、世界を脅かしていた悪魔ヒラニヤカシプを倒しました。この悪魔は昼にも夜にも倒すことができず、人間も神も敵わなかったので、ヴィシュヌは、獅子頭人身の姿に変身し、昼と夜のあいだの夕方にこの敵を倒したのです。

ナラシンハ

クリシュナ

矮人の化身ヴァーマナ

ヴィシュヌ神は、バリに侵害された天界でのインドラ神の権威を回復するため、矮人にも変身しました。鹿皮の腰布を巻いた長い髪の矮人の姿で、両手に水の瓶と傘をもったヴィシュヌは、3歩で歩けるだけの土地をバリに要求します。バリが了承すると、ヴィシュヌは巨大化し、1歩で天界から地上へ、もう1歩で地上から地底へと歩き、宇宙の秩序を回復したのです。

ラーマ

ヴィシュヌ神は、ヒンドゥー教の叙事詩『ラーマーヤナ』の主人公である勇者ラーマ王子にも変身しました。ラーマは、魔王ラーヴァナにさらわれた妻のシーターを救い出します（163ページ、216〜217ページ参照）。

パラシュラーマ

パラシュラーマもヴィシュヌ神の化身で、気高い戦士であり、その名前は「斧をもったラーマ」を意味します。富と権力に驕り腐敗した邪悪な王たちを討伐しました。伝説によれば、パラシュラーマは森の木々をなぎ払うように斧で邪悪な王たちを倒しながら、世界を21周したといわれます。

クリシュナ

ヒンドゥー教の神クリシュナも、ヴィシュヌ神の化身とされています。青年期を描いた図像では、笛を吹く若い牛飼いの姿をしています。ヒンドゥー教の聖典である『バガヴァッド・ギーター』では、若い王子として現れ、激戦を前にして勇者アルジュナ王子と哲学的な会話を交わします。

仏陀

ヒンドゥー教では、仏陀もヴィシュヌ神の化身とされます。

カルキ

カルキは、未来のヴィシュヌ神の化身とされ、今の時代が終末を迎えるときに現れるとされます。一般にカルキは戦士の姿で描かれ、右手で剣を振りかざし、白馬にまたがっています。地上から腐敗を取り除き、新たな正義と徳をもたらすといわれます。

ハヌマーン

ハヌマーンは、ヒンドゥー教の叙事詩『ラーマーヤナ』のなかで、もっとも重要な登場人物のひとりです。ハヌマーンは猿の尾をもつヴァナラ族のひとりです。ヒンドゥー教の神話では、この猿族は南インドの森に棲むとされています。

ヴァナラ族は、勇敢で好奇心に富み、忠実で、冒険心にあふれ、親切です。人間よりも30cmほど小柄で、薄茶色の毛に覆われた体に、猿の尾と類人猿の顔をもちます。

ハヌマーンの誕生

ハヌマーンの誕生については、いくつかの逸話があります。母親のアンジャナーは、雲と水の女妖精アプサラス(248ページ参照)でしたが、呪いによってヴァナラとして地上に誕生させられます。その呪いは、アンジャナーがシヴァ神の化身を産んだときに解かれるとされていました。ハヌマーンの父である風神ヴァーユは、祈祷を終えたアンジャナーと交わり、そこからハヌマーンが誕生しました。

子供時代のハヌマーンは、太陽を熟れた果実だと思い込み、空に飛び上がって、その果実を取って食べようとしました。インドラ神はハヌマーンを雷で打ち、気絶したハヌマーンは地上に落ち、顎の骨を折りました。息子に対する仕打ちに怒ったヴァーユが世界中の風を止めたため、生き物たちが死んでしまいます。インドラ神は怒りを解き、神々はハヌマーンを回復させ、数々の能力を授けました。この事件がもとで、ハヌマーンの顎には消えない傷跡が残されました。

『ラーマーヤナ』のなかでは、ハヌマーンはヴァナラ族の軍勢を率いてシーターを捜索します。南の海に到着したハヌマーンは、己の能力を思い出し、ひと跳ねで海を跳び越えてランカー島へと渡ります。そこにはシーターが魔王ラーヴァナに捕らえられていました。ハヌマーンはシーターを見つけ、ラーマから預かった指輪を渡します(216〜217ページ参照)。ラーヴァナはハヌマーンの尾に火をつけますが、ハヌマーンは脱出を果たし、ラーマの元へ報告に戻ります。そしてその後もシーターを救出するために勇敢に戦うのです。

ハヌマーン

ガネーシャ

ガネーシャは、インドのなかでもっとも信仰される神のひとつで、ヒンドゥー教徒だけでなく、ジャイナ教徒や一部の仏教徒にも崇拝されています。「始まりの神」「障碍を除去するもの」などと呼ばれ、芸術や科学の守護神とされています。

人間の体に、膨らんだ腹、4本の腕、象の頭と鼻をもち、牙を1本生やしています。下方についた右手には折れた片方の牙をもち、左手には菓子の皿をもった姿で描かれることもあります。上の2本の手には、輪縄や、斧や、三叉戟などのさまざまな武器をもち、障碍を取り除く能力を示しています。現代の図像では、下方の右手は見る者のほうへ差し伸べられていることもあり、恐れのない心や保護を表現しています。

ガネーシャは、シヴァ神とその妻のパールヴァティーの息子だとされます。神話のなかでは、パールヴァティーはターメリックのペーストをこねて人間の男の子を作り、それに命を吹き込んで、沐浴の見張り番をさせました。そこへシヴァが帰宅しますが、父親に会ったことのないガネーシャは立ち入りを禁じます。いさかいが生じ、シヴァはガネーシャの頭を三叉戟で切り落とし、遠くへ投げ捨てます。これを知ったパールヴァティーは嘆き悲しみました。ブラフマーの助言に従い、シヴァは失った頭の代わりにガネーシャに象の頭を与えます。ガネーシャを信仰する人々にとって、象の頭は知性の象徴であり、大きな耳は人々の願いに耳を傾けていることを示しています。

ヒンドゥーの叙事詩『マハーバーラタ』には、ガネーシャが片方の牙を失う物語が記されています。聖仙ヴィヤーサが、自分が口述する物語を書き取ってくれるようガネーシャに頼みます。ガネーシャは、ヴィヤーサが最後まで語り続けることを条件に、これを引き受けました。ガネーシャが猛然と物語を筆記していると、羽ペンが壊れます。するとガネーシャは自分の牙を折り、それをペンとして筆記を続けました。

ガネーシャ

カーリー

カーリーは「黒きもの」とも呼ばれ、猛々しい姿をしたヒンドゥー教の母なる神です。見た目は恐ろしげですが、信者にとっては、ヒンドゥーの女神たちのなかでももっとも親切で、愛情深い存在であるとされます。

カーリーの見た目の特徴は、女神としての属性を表しています。体は黒や暗青色をしていますが、あらゆる色が溶け合ったものである黒は、カーリーがすべてを包みこむ包括的な存在であることを示します。目は赤く怒りに満ち、髪は乱れ、口からは牙と長い舌が突き出ています。しかしその怒りは、秩序と調和を乱す者にのみ向けられているのです。

ときには4本の腕をもった姿で描かれることもあります。上方の手には、剣と人間の生首をもっています。剣は神の知恵を示し、生首は人間の煩悩を象徴しています。解脱にいたるには、煩悩を取り除かなければならないのです。下方の手には、生首から流れ落ちた血を受ける髑髏の杯と、夫であるシヴァ神のシンボルの三叉戟をもっています。首には50個の髑髏でできたネックレスをかけ、切り取られた腕で作ったスカートを巻いています。50の髑髏はサンスクリット語の50個の文字を象徴していて、カーリーがあらゆる知識と知恵を有していることを示します。腕はカルマの因果応報の概念を象徴し、カーリーがそれを超越した存在であることを示しています。

カーリーの出現

神話によれば、女神ドゥルガー（78ページ参照）が魔神ラクタビージャと戦った際に、怒りに歪められた女神の額からカーリーが生まれたとされます。ラクタビージャの血が地にしたたるたびに、そこから新たな魔神が生まれ、ドゥルガーは劣勢に立たされていました。カーリーは武器を振りかざし、咆哮をあげながら戦闘に加わります。やがて我を忘れたカーリーは犠牲者の死体の上で踊り始めました。そこで、死体のあいだにシヴァ神が体を横たえ、さまざまな姿をとって自らカーリーの足に踏まれます。シヴァは究極の純粋な理性を象徴し、カーリーは活発な創造性を象徴しています。どちらが欠けても、他方は存在できません。

カーリー

バリ島の聖なるものたち

インドネシアのバリ島の主要な宗教はヒンドゥー教ですが、
バリ島の神話には、ヒンドゥー教の物語に加え、
それ以前から存在した地元の民話や儀式や風習が取り入れられています。
この伝統的な神話から、バリ島の天地創造や宇宙観に関係する
聖なる生物たちが誕生しました。

ブダワン

神話によれば、世界の始まりには、大蛇アンタボガだけが存在していました。バリ島の伝統的な影絵劇などに描かれるアンタボガの姿は、ドラゴンのような頭と、蛇の尾をもっています。アンタボガは瞑想によって世界亀ブダワンを生み出します。多くの場合ブダワンは、背中で世界を支えた姿で描かれます。

ブダワンの広大な背中の甲羅には、絡み合った蛇たちと黒い石が載せられています。その石は、太陽も月も存在しない地下の洞窟世界の蓋なのです。地下世界は、ステスヤラ女神と、バタラ・カラ神が支配しています。また大蛇バスキも棲んでいます。バリ島文化のなかでは、ブダワンは地震や火山などの地表を揺るがす現象をつかさどるとされます。

バタラ・カラ

バリ島に伝わるバタラ・カラは、光と大地とそれを覆う水の層を創造しました。ブダワンと同様、バタラ・カラは地下世界の神で、ステスヤラ女神とともに洞窟にいて、地下世界を支配しているといわれます。影絵劇では、悪鬼に似た人間の姿で描かれます。

大地の上には、いくつかの層になった天空が広がっています。いちばん下の層が中空です。その上には愛の神スマラが住む

ブダワン

雲の浮かぶ空があります。次に太陽と月のある暗青色の空があり、さらに上にはめずらしい花々のあふれる芳香の空があります。ここには人面をもつ鳥のチャッと、翼のある蛇タクサカ、流星のアワンという蛇たちが暮らしています。その上が祖先たちの暮らす燃えさかる天です。最上層は神々の住む場所で、最高神ティンティヤが支配しています。

ランダとバロン

ランダは、バリ神話に登場する凶暴な魔女です。黒魔術を操り、死体を貪る人食い魔女のレヤックたちを支配する女王です。ランダの敵バロンは、慈悲深い精霊の王です。

バリ島の伝統的な物語劇の舞台では、凝った衣装と仮面をつけた踊り手たちが、ランダとバロンの戦いを再現します。踊り手たちのかぶる仮面は神聖なものとされ、大切に扱われます。

踊りのなかで表現されるとおり、ランダは恐ろしい存在です。全裸に近い姿の老婆で、垂れ下がった巨大な乳房と、長い白髪と、鉤爪をもちます。仮面の顔は、両目が飛び出し、猪のような牙が生え、長い舌を突き出しています。飛び出た目は怒りと冷酷さを表し、牙は野獣のような無情さを示し、舌はつねに獲物を狙っていることを表しています。踊りの途中で、ランダは甲高い声で叫び、威嚇するようなうなり声や金切り声をあげます。

復讐の王妃

伝説によれば、ランダは11世紀のバリ島の王妃でしたが、王の第2夫人に黒魔術を用いた罪で宮廷を追放されました。王亡きあと、未亡人となった王妃（ランダは「未亡人」の意）は、復讐のために伝染病を流行させ、民の半分を死に至らしめます。ランダは邪悪と、黒魔術と、死の象徴です。

ランダの敵バロンは、善なる力です。舞踏劇のなかでは、猪や虎や、ドラゴンや、大蛇などの幻想的な獣の姿で登場します。ウブド一帯では、ライオンの姿で表現されます。バロンを演じる踊り手の仮面は、赤い顔で、口を開け、長い黄金のたてがみを生やしています。

劇中、ランダは襲ってくる戦士たちに呪いをかけ、毒のついた槍で自らを刺すようにしむけます。しかしバロンが呪文をかけ返し、戦士たちの体が槍を跳ね返すようにします。最後には善の力が勝利し、ランダは逃亡するのです。

バリ島のランダの彫刻

チベットの憤怒の守護神

ダルマパラは、チベット仏教の貴重な教義を守る使命を帯びた、恐ろしげな存在です。多くの場合、小柄で、頑丈で、強靭な体をしていますが、たくさんの頭や手足をもつものや、飛び出た3つの目や、血をしたたらせる鋼の牙をもつものもいます。

見た目は恐ろしげですが、ダルマパラは仏陀の慈悲が擬人化されたもので、人々を障害に打ち勝たせるために、ことのほか猛々しい姿をとっているのです。ダルマパラには、パルデン・ラモとマハーカーラなどがいます。

パルデン・ラモ

この女性の守護神は、暗青色の体で、憤怒を表す炎のような赤い髪を生やし、5つの髑髏でできた冠をかぶっています。この冠は、怒り・執着・驕り・嫉妬・無知という5つの負の感情を克服したことを象徴しています。ラバの背に横向きに腰かけ、そのラバには左の臀部に目がついています。

神話によれば、ラモはランカー王シンジェの妻でしたが、王は仏教の教えに逆らい、人身御供などの無慈悲な行いを続けていました。王は国から仏教を一掃させるために息子を育てていました。ラモは息子を殺し、その皮を剥いでラバの鞍敷にすると、北へ向かいます。ラモの逃亡を知った王は、ラバを矢で射ますが、ラモはその傷を目に変えます。その目は、仏法を守るために絶えず監視をしていることを表しています。

マハーカーラ

青黒い体に6本の腕をもつマハーカーラは、仏陀の慈悲を憤怒の形で表した存在です。夜空を思わせるその体の色は、悟りを得た心の広大さを示しています。6本の腕は、寛大・忍耐・道徳・熱意・集中・知恵というマハーカーラの6つの優れた徳を表しています。3つの目は、過去、現在、未来を見通していることを示します。身にまとった虎の皮は欲望の追放を、蛇は怒りの追放を象徴しています。

仏陀の教えを守るマハーカーラ

中国と日本の聖なるものたち

中国の神話の起源は、4000年前にまで遡ることができます。
最古の神話には部族的なシャーマン文化の影響が見られ、
雨や川、動物、天体などが神として崇められていました。

中国の神話

漢代（紀元前202～後220年）には、それ以前の多くの神話が史実として再編され、神話のなかの出来事を説明するために、いくつもの王朝の存在が作り上げられました。たとえば、蛇の体をもつ古い創造神の伏義は、伝説上の五帝の最初の皇帝であるとされました。在位期間は、紀元前2852年から2737年とされます。また黄帝もこの五帝のひとりとされ、全漢民族の祖として位置づけられました。

儒教と道教は、中国で発祥した2大信仰体系で、2000年以上ものあいだ共存を続けてきました。どちらも、中国の豊かな神話遺産の創造に大きく貢献しました。紀元前500年頃に誕生した儒教は、家族を重視し、年長者を尊重します。これらの価値観から、家の精や祖霊の物語が生まれました。道教は紀元前100年頃までに成立したとされ、相互に依存する相補的なふたつの力（陰陽）のあいだのバランスを重視します。陽は、男性、能動性、光、熱、乾燥を象徴します。陰は、女性、受動性、闇、冷たさ、湿潤を意味します。神話では、盤古が最初にこれらの力をふたつに分けたといわれます。

神　道

日本で発祥した宗教である神道は、八百万《やおよろず》の神や目に見えない精霊を崇拝します。それらはすべて神（カミ）と総称されます。神のなかには、嵐や地震のような自然現象もあれば、山や川などの自然の造形物もあり、さらには生物も含まれます。こ

黄 帝

の項で紹介する幻想生物のほとんどは、この生物にあてはまります。500年頃には、百済から初の仏教使節が到来します。以来、神道と仏教の信仰は、互いに共存しながら融合していきます。神道の神のなかには、仏教の敵とされるものや、守護者とされるもの（天狗など）がいます。また仏教の尊格には、慈悲深い観音のように、神に似た存在として扱われるものもあります。

盤 古

中国の創世神話に登場する盤古は、北欧神話のユミル（205ページ参照）に似た原初の巨人です。原始的で毛深い体をもつとされ、ときには角を生やし、毛皮をまとった姿で描かれることもあります。現代の寺院に飾られた盤古の図像は、典型的な原始人の姿で、長い髪を生やし、豹皮の上着を着ています。陰陽のシンボルが描かれた宇宙の卵を抱えている場合もあります。

神話によれば、世界の始まりには、形のない混沌だけが存在していました。やがて宇宙にとって不可欠なふたつの気（陰と陽）からなる巨大な原初の卵が誕生し、その卵は18,000年ものあいだ静かに成長を続けました。陰と陽のあいだに完璧なバランスが生じたとき、卵のなかから盤古が現れて立ち上がり、世界の創造をはじめました。

まず、巨大な手斧を振り、卵のなかで軽く明るい部分（陽）と、重く翳った部分（陰）を切り離しました。陽は天となり、陰は地となりました。天地を引き離しておくため、盤古はそのあいだに立ち、両者が永遠にその位置を保てるようになるまで、さらに18,000年ものあいだ支え続けます。

ある神話によれば、盤古が世界を創造するときに、亀、麒麟、鳳凰、龍の四獣の助けを借りたとされます。

やがて盤古は横たわって死にました。盤古の息は風と雲になり、声は雷に、左目は太陽に、右目は月に、髪と髭は空の星になりました。腕と脚は、4つの方角と4つの聖山になりました。胴体は山となり、血は川に、骨は鉱物に、骨髄はダイヤモンドに、汗は雨となりました。そして毛皮についた蚤が風で飛び散り、その蚤が人間となったのです。

盤 古

女媧と伏羲

もうひとつの中国の創世神話には、原初の神である女媧と伏羲が登場します。多くの場合、ふたりは夫婦であるとされ、人間の頭と上半身に、大蛇の下半身をもつものとして表現されます。互いの尾を絡ませた姿で描かれる場合もあります。蛇は、紀元前2000年頃から1500年頃に中国を支配したとされる夏王朝の民に崇拝された動物でした。この蛇崇拝が、のちに龍の伝説を生みます。

女媧による天地創造は、中国最古の神話のひとつのなかで語られています。天地が引き離されてまもなく、女媧は孤独を覚え、この世には何かが足りないと感じます。池の水面に映った自分の姿を見た女媧は、泥をすくい上げ、自分に似せて最初の人間を生み出しました。

女媧がその人間を地面に置くと、それは動き出し、歩き去りました。女媧はさらに泥を取り上げ、たくさんの人間を作ります。やがて、1体ずつ手作りしていると時間がかかりすぎることに気づきます。そこでやわらかい泥に縄を浸し、それを振り回します。地上に撒き散らされた泥は、それぞれ人間となりました。手作りされた人間は裕福で高貴な存在となり、泥の飛沫からできた人間は、貧しい凡庸な存在となりました。

別の説

別の説によれば、女媧と伏羲は兄妹で、はるか昔、西方にある聖なる崑崙山に住んでいました。ふたりがそれぞれ焚火を焚くと、煙がひとつになって立ち昇ったため、結婚することに決めます。女媧は黄土から人間を生み出し、伏羲は最初の皇帝となりました。伏羲は漁労法や畜産法を人々に伝えました。また、最初に楽器を作り出したとも、中国最古の筆記体系を発明したともいわれます。

女媧と伏羲

共工と祝融

水神の共工は、蛇の体と人間の頭をもち、長く赤い髪を生やした醜い怪物で、つねに宇宙の秩序を覆そうと狙っています。共工の時代、世界の南半分は、父である火神の祝融が支配していました。現代の図像のなかでは、祝融は剣を振りかざし、黄金の甲冑をまとい、巨大な虎に乗った戦士の姿で描かれます。

共工は海や川のあらゆる生物たちを呼び集め、父の祝融を攻撃します。しかし共工の軍勢は、照りつける太陽の熱に耐えられず、敗北を喫します。屈辱と怒りに燃えた共工は、空を支える柱のひとつである不周山に頭突きを食らわせ、瓦礫に変えます。その結果、天界に穴が開いてしまいます。天は北西に、地は南東に傾き、そのせいですべての川が南東方向（太平洋）に流れだし、大洪水が発生するようになります。

自分が生み出した人間たちの苦しみに心を痛めた蛇神の女媧（361ページ参照）は、天地の修復に乗り出します。天に開いた穴をふさぐため、川原から5色の石を拾い、炉を作ってそのなかで石を煉り固めました。そして天に昇ってその岩で亀裂をふさぎました。さらに補強のために巨大な亀を殺し、4本の足を切って天の四隅を支えました。

また洪水を止めるために葦を焼き、その灰で決壊した川の土手をふさぎました。そして人々に堤防や灌漑水路の築き方を教えました。女媧は、手にコンパスを持った姿で描かれることがあります。これは天地の四隅を修復したことを象徴しています。また、伏羲は天を象徴する曲尺を持っています。

共　工

后羿と嫦娥

嫦娥は中国の「月の女」で、その夫の后羿は、魔力をもつ天界の弓の名手でした。ふたりの物語は、紀元前6世紀頃に誕生した有名な宇宙神話のなかで語られています。

その物語によれば、もともと地球のまわりには10個の太陽がありました。太陽たちは兄弟で、毎日交代で地上を照らしていました。ところがある日、10の太陽がいっぺんに回りはじめます。作物は枯れ、土地は干上がりました。天界の支配者である玉皇大帝は、后羿に助けを求めます。后羿は地上に降り、弓に矢をつがえて、太陽のひとつを射落としました。落ちてきた太陽は、3本足のカラスになりました。 さらに后羿は、残りの8つの太陽を射落としていき、ひとつだけを残します。成功を喜んだ后羿は、ほかにも魔物たちを退治していきます。キマイラに似た猰貐《あつゆ》や、獣頭人身の鑿歯や、ヒュドラに似た九嬰のほか、恐ろしい巨大鳥や大蛇や巨大猪も殺します。

身勝手な昇天の願い

しかし、后羿の妻である嫦娥は不満でした。嫦娥は天界で暮らしたいと願い、死んで幽霊になることを恐れていました。そこで、夫に不老不死の薬を探しに行かせます。后羿は苦難の旅の末に薬を持ち帰りました。その夜、嫦娥はその薬をすべて飲み干します。夫は人間のままでも満足だろうと思ったのです。

たちまち嫦娥の体は、空に浮かびます。后羿は妻を射落とすことをためらい、嫦娥は月にたどり着きます。夫に呼びかけようとしますが、口から出てくるのはゲロゲロという鳴き声だけでした。嫦娥の姿は、ヒキガエルに変わっていたのです。月には、石臼で不老不死の薬をこね続けているウサギと、生命の木を切り倒そうと空しく試みる年老いた木こりがいるだけでした。

嫦娥は人間の姿に戻りますが、后羿を懐かしみ、不老不死を願ったことを後悔するのです。

嫦　娥

黄　帝

黄帝は、中国の伝説上の五帝のひとりで、道教の始祖のひとりとしても崇拝されています。賢明で慈悲深い皇帝で、長期にわたったその治世（紀元前2679～2598年）は、黄金時代とされています。

伝説によれば、黄帝には4つの顔があり、それによって世界で起きていることすべてを見ることができたとされます。象牙の車を龍と象に引かせ、その後ろに虎や狼、蛇、鳳凰を従えて王国内を回りました。

黄帝は、人々に文字や音楽、医学、陶芸、養蚕などの技術を教えた文化英雄としても崇められています。また、政府と法律の制度も導入しました。長い治世のあと、疲れをおぼえた黄帝は、簡素な小屋にこもり、瞑想にふけりました。死後には龍の姿に変わって天に昇り、不老不死の存在となりました。

孫悟空

美猴王とも呼ばれる孫悟空は、中国の伝説上の英雄で、三蔵法師に従って天竺への取経の旅に出ました。その物語は、明代（1590年頃）に書かれた『西遊記』のなかに語られています。

孫悟空は、数多くの魔術を操ります。いちばんの武器は金の輪がはめられた如意棒というもので、針ほどの大きさに縮めて耳のなかにしまうこともできれば、巨大なサイズに拡大することもできます。目は燃えるような金色をしていて、猿のような体は鋼のように頑丈です。觔斗雲に乗って、ひと飛びではるか遠くまで行けるほか、体毛を抜いて自分の分身を生み出し、敵と戦わせることもできます。取経の使命を果たした孫悟空は、その強さと功績が称えられ、仏となりました。

孫悟空

龍神

神(カミ)

神は、日本の神道信仰における精霊です。神の概念は非常に広く、日本各地の民話や神話のなかに登場します。日本には八百万《やおよろず》の神がいるといわれますが、これは数が多いことを意味しています。

神のなかには、ギリシアやローマの神々のように人間に似た姿のものもいます。太陽神の天照大神などがこれにあたります。そのほか、山河や樹木などの気や、風や地震や嵐といった自然現象がもつ気を象徴する精霊も神とされます。また祖霊も含まれます。歴代の天皇などの高貴な人物の霊も、日本中の家族の先祖の霊も神なのです。あらゆる技術や職業に守護神がいるほか、日本史の英雄もしばしば神としてまつられます。多くの神が変身能力をもち、架空の動物の姿をとって現れる神もいます。また使者や従者として超自然の動物を従えている神もいます。ここでは、いくつかの例を紹介します。

龍　神

龍神は、日本のドラゴンの神です。巨大な龍の姿をしていて、大きな口をもち、足には日本の龍の特徴である3本の鉤爪がついています。多くの場合、海神や海の力の象徴として崇められています。

龍神は海底にある紅白の珊瑚でできた不思議な龍宮に棲んでいます。宮廷には海亀や魚やクラゲが仕えています。龍神はこの龍宮にある潮満玉・潮干玉という魔法の玉を使い、潮の満ち引きを操っています。

変身能力ももち、人間の姿に変化することもできます。龍神の娘は美しい女神の乙姫(豊玉姫)で、この乙姫と結ばれるのが、神話の英雄で、天照大神の子孫である火遠理命です。日本の伝説上の初代天皇である神武天皇は、このふたりの孫として生まれました。このため、日本の天皇は神の子孫だとされるのです。

地震の神

神は、地震をつかさどるともいわれています。大ウナギである地震魚は、巨大な体をもち、日本列島をその背に乗せているといわれます。南にある京都は、地震魚の巨大な頭の上に位置しています（注：一般に地震魚の頭は鹿島神宮の下にあるとされる）。1,000kmほど北に位置する青森は、尾の上に乗っています。また別の説では、日本を背負っているのは、ウナギではなく大ナマズであるとされます。

鹿島神宮では、地震の神の背中から日本の国が振り落とされないように、要石という石の棒を地中に打ち込み、大ウナギ（大ナマズ）を押さえています。しかし、これが身をよじったり、尾を振ったりすると、地震や津波が日本列島を揺るがすとされます。

同じように、地震虫という神もいて、この怪物が地中で蠢くと、地震が発生するといわれています。この虫は鱗に覆われていて、龍の頭と、毛の生えた10本の足と、鉤爪をもつとされています。

稲　荷

農業と豊穣と成功の神である稲荷神は、変身能力をもち、性別を問わずさまざまな姿で現れます。人間の姿をとるときは、稲束を担った老人や、若い女神として表現されます。

動物の場合は、純白の狐（224〜225ページ参照）の姿で現れることがほとんどですが、蛇や龍、蜘蛛になることもあります。狐は稲荷神の使いをつとめますが、神を背に乗せることもあります。人間の形をとる場合、荼吉尼天とも同一視されます。荼吉尼天は仏教における神的存在で、白狐に乗って空を駆けます。

稲荷神社の入り口は、たいてい赤い前掛けをつけた1対の白狐の像に守られています。信者たちは、望みを稲荷神に伝えてもらうために、米や酒、豆腐などの食べ物を狐の使いに供えます。

稲　荷

八郎為朝

天　狗

天狗は日本の民話に登場する超自然の存在で、ときに神道の神として崇拝されます。通常、トビなどの猛禽類に似た姿で描写されますが、鳥として描かれる場合でも、人間らしい属性を備えています。くちばしの代わりに長い鼻をもつこともあれば、人間の体に、鳥の翼と頭とくちばしをもった姿で描写されることもあります。神として扱われる場合は、くちばしと翼をもち、体には蛇を巻きつかせ、狐に乗っています。

13世紀には、天狗は山伏と結びつけられました。山伏とは、山に籠もり、神道と仏教の教義を融合した修験道を追求する人たちです。以来、天狗は山伏の結袈裟と頭襟を身につけた姿で描かれるようになりました。神話によれば、天狗の長は僧正坊といい、長い白髪と高い鼻を生やした高齢の山伏でした。手にもっている7枚の羽根でできた魔法の団扇は、偉大な力と強靭さの象徴でした。僧正坊の団扇は人間の鼻を伸び縮みさせられるほか、強風を起こすことができるといわれます。

善と悪

天狗の徳性はあいまいで、時とともに変化してきました。12、13世紀には、天狗は日本の仏教にとってやっかいな敵とされました。言い伝えによれば、瞑想中の僧をさらい、遠く離れた場所へと連れ去ったり、寺を荒らしたりしたとされます。しかし17世紀以降には、天狗は仏教の守護者とも考えられるようになりました。ある民話によれば、ひとりの天狗が山伏の姿に変身して、禅寺の和尚の従者になりました。和尚に正体を見破られた天狗は、翼と高い鼻を顕わにします。和尚から最後の教えを受けると、天狗は去りますが、その後も禅寺を見守り、妖術を駆使して手助けをしました。

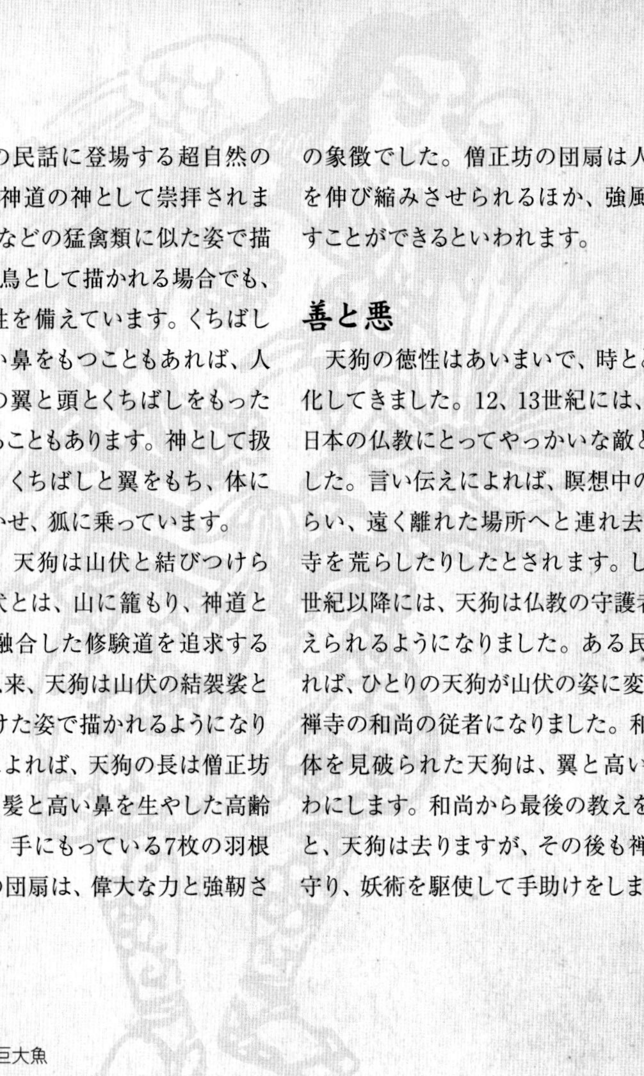

為朝を救う天狗と巨大魚

観　音

観音は、日本のなかでとくに広く信仰を集めている尊格のひとつで、中国の慈悲と憐みの女神である観音《クァンイン》の一種です。日本では、観音は33の変化身をもつとされます。もっとも純粋で神聖な形態である聖観音のほか、衆生の願いの内容に応じて33の姿に変身するのです。男性の姿もあれば、女性の姿もあります。たくさんの手や頭をもつものもいます。半獣の姿であるものや、幻獣に乗っているものもいます。

もっとも有名なもののひとつが千手観音で、これは1,000の手をもつ男性の菩薩です。一般に千手観音像には、合掌した2本の腕と、さまざまな持物をもった40本の腕があります。たとえば、1本の腕には投げ縄(羂索)をもち、それを用いて悩める信者たちを救い上げ、苦しみから解放するとされます。40本の腕は、それぞれ仏教でいう25の世界を救うものであり、その総計が1,000になると説明されます。

10の頭を頭上に載せている観音もいます。たくさんの頭は、観音の慈悲が全方角にあまねく伝えられることを示すともいわれます。また、10の頭は菩薩修行の階位である十地を表し、11番目の頭は浄土真宗の本尊である阿弥陀仏であり、修行の成就を示しているという説もあります。

獣身の観音

馬頭観音も変化身のひとつで、馬の頭をもつ観音です。馬頭観音は、馬やそれ以外の家畜を守護します。また馬頭観音の石像は、神道の神と同じように路傍の祠にもまつられ、馬上の人間を怪我から守ります。そのほか、巨大な鯉や龍に乗った女性の姿をとることもあります。子安観音は子供を抱いた女性の姿で、女性に安産をもたらすといわれます。

千手観音

南北アメリカ先住民族の聖なるものたち

北アメリカやメソアメリカの先住民族は、
人々の生活様式や、居住する地域の地形や生態系に深く根ざした
多様な文化や伝統を築き上げました。

太平洋岸の北西部では、ハイダ族やトリンギット族、クワキュートル族などが海沿いの村々に暮らし、温暖な気候と鮭などの豊富な食資源に恵まれて生活してきました。社会は氏族に分かれ、それぞれが土地の動物をトーテム(始祖、守護者)として崇拝していました。ビーヴァーや鷲、カラスなどのトーテムが、トーテムポールやその他の工芸品に刻まれました。グレート・プレーンズに住むシャイアン族やラコタ族は、遊牧狩猟生活から生まれた物語を語り継ぎました。ラコタ族に伝わるホワイト・バッファロー・カーフ・ウーマンの伝説は、一族の生存にとってのバッファローの重要性を反映したものです。

南西部の砂漠地帯に住むナバホ族やホピ族、プエブロ族や、南東部の森林地帯に住むチェロキー族は、農耕文化を育み、豊穣をもたらす神聖な生物を崇めました。たとえば、チェロキー族のトウモロコシの母や、ホピ族の祖先に新しい農耕法を教えたとされるカチナなどがそうです。

メソアメリカ

南方では、数々のメソアメリカの先住文明(16世紀のスペイン人到来以前の中米やメキシコの文明)が、驚くほど共通性をもった文化遺産を築きあげました。オルメカ文明(紀元前1500～400年頃)、マヤ文明(300～900年頃)、トルテカ文明(900～1180年頃)、アステカ文明(1100～1521年頃)は、精密な天体観測術に基づいた暦や、

巨大な階段状の神殿ピラミッドなどの建築様式を共有していました。

これらの文明の神々や幻想生物にまつわる物語の多くは、天体や、風や、雨や、トウモロコシのほか、戦争などの社会現象をたたえたものであり、しばしば異なる文明や時代のあいだで繋がり合っています。たとえば、羽毛の生えた蛇ケツァルコアトルは、あらゆるメソアメリカ文明のなかで創世神や文化英雄として崇拝されていました。

トーテムポール

動物と植物の創造主

アメリカ先住民族の多くの神話のなかでは、聖なる動植物を象徴する存在が重要な役割を担い、世界を創造したり、人類や慣習を生み出したりします。多くの場合、これらの創造主は女性です。

亀のおばあさん

シャイアン族の神話によれば、世界の始まりには、一面に水があるだけでした。鳥は陸で翼を休めることができません。そこで、「アースダイバー」と呼ばれる亀が、原初の海の底から少量の泥を持ち帰りました。泥は膨らみはじめ、最初の陸となりました。やがて陸は巨大となり、長命な亀のおばあさんがそれを背負います。今日でも、世界は亀の背中に載っているといわれます。先住民の芸術作品には、聖なるシンボルが甲羅に描かれた亀の姿で表現されます。

トウモロコシの母

チェロキー族の創世神話によれば、トウモロコシの母（先住民の女性で、頭からトウモロコシを生やした姿で描かれる）が産んだふたりの息子は、いつも腹をすかせていました。母親は毎日出かけていき、トウモロコシが詰まった籠を持ち帰りました。ある日、息子たちは母が自分の体からトウモロコシの粒を掻き落としている姿を目撃します。秘密を知られた母親は、自分の体を地面の上で引きずりまわせば、トウモロコシが実るだろうと告げ、やがて横たわって亡くなりました。

蜘蛛女

蜘蛛女の神話は、アメリカ合衆国西部の先住民族に広く知られています。現代の図像には、年配の老婆の顔をした蜘蛛の姿で描かれます。蜘蛛女は蜘蛛の巣をはりめぐらせるようにして生物を紡ぎだします。原初の昔、蜘蛛女は蜘蛛の糸でいくつかの線を紡ぎ、4つの方角を定めました。次に赤や黄、白、黒などの色とりどりの泥をこね、人間を作り出しました。さらに人間たちを氏族に分け、トーテムとなる動物を与えました。この神話が元になり、万物は繋がり合っているというアメリカ先住民族の思想が生まれました。

蜘蛛女を描いた現代の絵

ホワイト・バッファロー・カーフ・ウーマン

聖なる動物たちは、世界の創造に加えて、先住民たちに儀式や伝統を伝えたともいわれます。ラコタ族の伝説では、ホワイト・バッファロー・カーフ・ウーマンとして知られる神秘の女性が、人々に聖なるバッファローを授けます。バッファローは、肉や毛皮などの貴重な生活の糧となりました。またこの女性は、聖なるパイプや文化的伝統も伝えました。

言い伝えによれば、ラコタ族が飢饉に見舞われたとき、ふたりの狩人が食料を求めて斥候に出ました。すると遠くのほうから、白い鹿皮の服を着た神秘的な美しい女性が現れました。狩人のひとりが下心を抱き、仲間の警告を無視して女性に近づきます。女性に触れた狩人は、またたく間に骨だけになってしまいます。女性はもうひとりの狩人に近づき、一族の元にもどって、女性を迎えるための祝宴の準備をするよう告げます。

狩人がこれに従うと、その4日後に空から雲が舞い降ります。雲のなかから白いバッファローの仔が現れ、立ち上がると美しい女性に変身しました。女性が手にしていた包みのなかには、聖なるパイプが入っていました。パイプには、母なる大地を象徴する赤い石の火皿と、生育するすべてのものを示す木の柄がついていました。さらに地上の4本足の生物を象徴するバッファローの仔の彫刻と、空の生物を象徴する斑鷲の12枚の羽根があしらわれていました。

その女性は、パイプの使い方と、7つの聖なる儀式を人々に教えました。浄化のためのスウェット・ロッジの儀式や、戦士が聖なるヴィジョンを受け取るためにひとりで荒野をさまようヴィジョン・クエストの儀式や、年に一度のサンダンスの儀式などがこのとき伝えられます。やがて、女性はふたたびバッファローに変身し、四方に向かっておじぎをすると、いつの日か再来することを誓って姿を消しました。

ホワイト・バッファロー・カーフ・ウーマンを描いた現代の絵

コヨーテ

アメリカ先住民族の神話のなかで、とくに有名で人気の高いものは、動物のトリックスターが登場する物語です。動物たちは、知恵を生かして人間を助けたり、おどけて楽しませたり、貴重な教訓を与えたりします。カラスやウサギ、ミンク、アオカケスなど、トリックスターとなる動物は、先住文化によってさまざまです。

多くの先住民族の物語のなかで、いちばん有名なトリックスターは、おそらくコヨーテでしょう。野犬に似た体は毛に覆われ、とがった耳と、黄色い目と、鉤爪と尾をもちますが、人間のようにしゃべり、ふるまいます。野生のコヨーテも狡猾だといわれます。たとえば、死んだふりをして、死体をあさる動物をおびき寄せ、捕食します。

ある有名なナハボ族のトリックスター伝説によれば、あるとき巨人たちが地上を徘徊し、人間(とくに子供)を餌食にしていました。ある日、コヨーテは巨人のひとりと出会い、懲らしめてやることにします。スウェットバス(蒸し風呂)に入れば、コヨーテのように敏捷になれると巨人をそそのかし、蒸し風呂用の小屋を建てさせます。

蒸気が満ちた薄暗い小屋に入ると、コヨーテは、これから奇跡を起こすといいます。自分の脚を折り、魔法でさらに頑丈な脚に治してみせるというのです。そして石を取り上げると、隠してあった鹿の脚の骨を折りました。目には見えなかったものの、巨

ナバホ族のコヨーテを描いた現代の絵

人は骨の折れる音をはっきりと聞きました。

そしてコヨーテは聖なる歌をうたい、無傷で丈夫な自分の本物の脚を巨人に触らせます。

コヨーテは、同じ奇跡を巨人の脚にも起こしてやろうといいます。そして巨人の脚の骨を石で殴って折り、脚を治すにはつばを吐きかければいいと教えます。巨人は、口がからからになるまでつばを吐きますが、骨は折れたままです。そうしてコヨーテは、痛みに苦しむ巨人を残し、小屋から立ち去ったのです。

ココペリ

ココペリは多くのアメリカ先住文化のなかで古くから崇拝されてきたトリックスター神であり、豊穣の神でもあります。一般に、猫背で笛を吹く男の姿で描写され、アンテナのような角と、巨大な男根を生やしていると伝えられます。

陶器やピクトグラフに描かれた最古のココペリの図像は、紀元前800年頃のものです。多くの豊穣神と同じように、ココペリも豊作や豊猟と結びつけられているほか、人間の出産や性愛とも縁深いものとされます。しばしば鹿などの4本足の動物や、蛇やトカゲなどを従えた姿で描かれます。

ココペリにまつわる伝説は数多くあります。ホーチャンク族の民話では、ココペリの男根は取り外すことができ、ときどき川にそれを置いておいて、水浴びをする娘たちを身ごもらせるとされます。ホピ族の信仰では、生まれる前の赤ん坊を袋に入れて背負い、女たちのもとへ運ぶとされます。豊穣の神として、笛を吹いて冬を追い払い、春の雨をもたらすともいわれます。

サンダーバード

サンダーバードは、多くのアメリカ先住民族にとっての聖鳥です。仮面や彫刻に表現されるその姿は、色とりどりの体と曲がった角をもち、くちばしのなかに歯が生えています。神話によれば、巨大な鳥であり、両翼を広げると2艘のカヌーを並べたほどの長さがあるとされました。

巨大な翼をはためかせると、雲が集められて雷雨が生じ、瞬きをすると稲妻が走ります。稲光は蛇となり、サンダーバードはこの蛇を強力な鉤爪で地上に投げつけます。

太平洋岸の北西部の先住文化には、サンダーバードとクジラの伝説が残されています。1頭の怪物クジラが他のクジラたちを殺し、貴重な食料や油を人々から奪っていました。飢えた民を心配したサンダーバードは、海の上からクジラに飛びかかり、激しい戦いの末に、強力な鉤爪でクジラを吊り上げます。はるか上空からクジラが海に落とされた音は、雷鳴の源となりました。

サンダーバードの彫像

カチナ

アメリカ南西部のホピ族とプエブロ族の文化では、カチナ（生命をもたらすものの意）という超自然の存在が、雨やヒョウタン、トウモロコシ、動物、天体などの自然界の諸要素を支配しているとされます。また、死者となった祖先の霊を象徴するものでもあります。カチナには400以上もの種類があります。

神話によれば、カチナはアリゾナ州北中部にある火山塊サンフランシスコ・ピークスに棲んでいます。あるとき、ホピ族がひどい日照りに悩まされていると、山から歌と踊りの音が聞こえてきました。音楽の出所を探ってみると、そこにカチナたちがいました。彼らは村までやってくると、新しい農耕法やさまざまな儀式を教えました。

ホピ族は、1年のうち6ヵ月間はカチナたちが村に滞在すると信じています。その期間中は、踊りの儀式が行われ、男たちはさまざまなカチナを表現した凝った衣装や仮面をつけて踊ります。その衣装は神聖なものとされ、踊り手たちは儀式のあいだ、カチナを象徴するものとして扱われます。7月後半に行われるホームダンスという儀式が終わると、カチナたちはサンフランシスコ・ピークスに戻ります。年に一度のカチナの来訪が、村々に調和をもたらし、貴重な雨を降らせると信じられています。

カチナは、ホピ族の通過儀礼にも重要な役割を果たします。ホピ族の子供たちは、6、7歳になるとカチナの物語を聞かされ、しきたりや儀式を教えられます。春のビーンダンスの時期には、若い娘たちがカチナ人形を受け取ることが伝統になっています。人形は娘のおじたちが木を削り、装飾をほどこして作ったものです。ビーンダンスに登場するカチナのひとつが、クロウ・マザー（アングウスナソムタカ）です。これは女のカチナで、頭の両脇にカラスの羽をあしらった姿をしています。色とりどりのスカートをはき、儀式で使われるユッカの葉の鞭と、新たな収穫の年の始まりを象徴するトウモロコシを盛った籠をもっています。

カチナ・マナ（女性のカチナ）の木製人形

ジャガー

メソアメリカ最古の文明であるオルメカ文明は、紀元前1500年から400年頃のあいだにメキシコ東部を中心に栄えました。後代の文明にも受け継がれたオルメカ文明の遺産のひとつが、ジャガー崇拝です。ジャガーは、王権や豊穣、魔術と結びつけられていました。南北アメリカ大陸最大のネコ科動物であることから、スピードや、力や、狩猟や戦場における勇気も象徴していました。

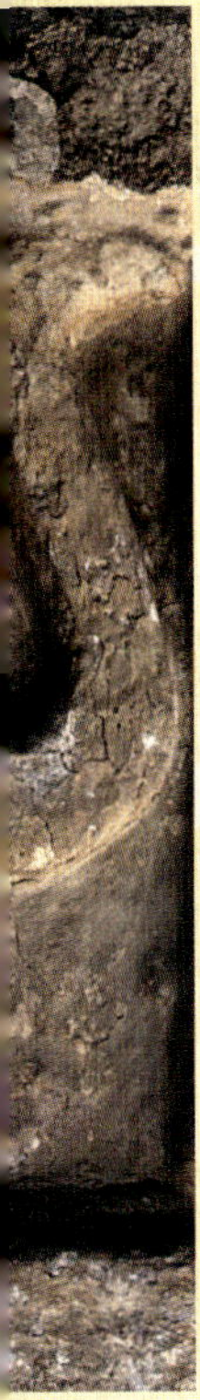
メキシコのジャガーの彫刻

ジャガーは、異なる世界のあいだをたやすく移動します。緑のジャングルにも、低地の沼にも慣れていて、昼夜を問わず狩りをすることができます。そのため、シャーマンの守護霊(ナグワル)としても好まれました。予言や魔術をとりおこなうシャーマンたちは、人間界と精霊界の仲介役を果たします。ジャガーはその精霊界への旅路を守ってくれると信じられていました。ジャガー・シャーマンと呼ばれる人々は、魔力でジャガーに変身できるとされ、とくに畏怖されていました。

オルメカ文明においては、ジャガーは人間と動物の両方の属性をもつものとして描写されました。考古学者はこのような混成生物を、古英語の人間を意味する「were」をとって「ワージャガー」と呼んでいます(180ページ参照)。ほとんど人間の姿に近く、わずかにジャガーらしさをもつものもいれば、人間よりもネコ科動物に近い4本足のものもいます。アーモンド形の目と、うなっているような開いた口と、頭頂部に入れられた切れ目が特徴です。ワージャガーの姿が彫刻されたオルメカ様式の立像や、翡翠製の儀式用の斧などは、典型的なオルメカ文明の工芸品です。

マヤ文明においては、ジャガーは豊穣をつかさどっていました。マヤの王たちはジャガーの毛皮を身につけ、多くがジャガーと名乗りました。たとえば、4世紀にティカルの町を支配した王は、ジャガー・ポーという名でした。

アステカ文明では

多くの面でオルメカ文明の遺産を引き継いだアステカ文明では、ジャガーは最高神のテスカトリポカ(煙を吐く鏡の王の意)の象徴とされました。ジャガーと同じように、テスカトリポカは夜でも目が利き、人々の心や考えを見通すことができると考えられました。またアステカの戦士団のトーテムにもされ、戦士たちはジャガーの毛皮をまとって戦場に向かい、自らの勇猛果敢さを示しました。

ケツァルコアトル

神話上の英雄ケツァルコアトル（羽毛の生えた蛇の意）は、大部分のメソアメリカの人々に共通の祖先であるとされています。紀元前200年には、長い緑色のケツァル鳥の羽をまとったガラガラ蛇の図像が、メキシコ中部の都市テオティワカンの神殿に飾られていました。人間の姿をとる場合、羽を飾った戦士として描写されます。農耕と雨と風の神であるほか、明けの明星である金星とも結びつけられています。

トルテカ文明（980〜1168年頃）の首都であるトゥーラを建設した王は、ケツァルコアトルと名乗り、自らを神格化しました。この王が都落ちする物語は、神話や宗教的な象徴と史実とが融合したものとなっています。

物語によれば、ケツァルコアトル王派と、テスカトリポカ派とのあいだに争いが生じました。ケツァルコアトルは美術や文化を擁護した神官王であり、蛇や鳥や蝶のみを生贄とさせました。一方、テスカトリポカは、ジャガー・シャーマンで、人間の生贄を要求しました。テスカトリポカは、発酵したサボテンの汁でケツァルコアトルを酔わせます。酔った王は、実の妹と近親相姦の罪を犯します。後悔のあまり、王はわずかな従者を連れてトゥーラを去りました。

この物語の結末には、諸説があります。一説には、ケツァルコアトルはメキシコ湾にたどり着き、そこで高貴な羽のついた衣装と、トルコ石の仮面をつけ、自らの体に火を放ちました。そして火のなかから空へと昇り、明けの明星になったといわれます。また帰還を誓いながら、蛇のいかだに乗って海へ出たともいわれます。

また別の言い伝えでは、ケツァルコアトルは自分が醜いと思い、髭を伸ばして顔を隠し、ついには白い仮面をかぶったとされます。この伝承がもとで、アステカ王のモクテスマがスペインの征服者エルナン・コルテスと対面した際に、髭のある白い顔を見て、予言されたケツァルコアトルの再来であると考え、国を明け渡したという説があります。しかし、現在ではこの説は疑問視されています。

コアトリクエと ウィツィロポチトリ

アステカの女神コアトリクエは、月と星を生み出したとされ、ウィツィロポチトリは、アステカの民を率いて、メキシコ北西部のアストランの地から、新たな都となるメキシコ盆地へと移住させたといわれます。

コアトリクエとは、ナワトル語で「蛇のスカートをはくもの」を意味します。のたうちまわる蛇でできたスカートをはいた女性の姿で表現されます。手足には鉤爪をもち、人間の心臓や手や髑髏でできた首飾りをかけています。地母神として生命と死と再生をつかさどり、出産で亡くなった女性の守護神とされる一方で、生物をすべて呑み込む怪物でもあります。

神話によれば、コアトリクエは、神殿を掃除していたときに、落ちてきた不思議な羽毛の玉によって身ごもります。コアトリクエが産んだ子供のひとりがウィツィロポチトリ（南のハチドリの意）で、これはアステカの軍神・太陽神であり、大都市テノチティトラン（現在のメキシコシティ）の主神でもあります。黒い顔と青い手足をもつ人間として描かれ、左足にはハチドリの羽飾りをつけ、羽根のついた矢と、蛇の形の投槍器をもっています。

太陽神

ケツァルコアトルと同様、ウィツィロポチトリも文化英雄とみなされています。アステカ人は、この神がアステカ民族をメキシコ盆地の新たな都へと導いたと信じていました。新天地で蛇をくわえた鷲がサボテンに止まっている姿を見た一行は、正しい場所に到着したことを確信したといいます。その鷲の姿はメキシコ国旗にも用いられています。ウィツィロポチトリは、新しい首都を築けば、アステカ人は世界の支配者となり、属国から金や宝石やケツァル鳥の羽などの貢物が集まるだろうと約束しました。太陽神であるウィツィロポチトリは、つねに闇の力と戦っているため、生命を維持するために生贄を必要としました。供物台で死んだアステカの戦士は、4年のあいだ太陽の従者に加えられ、その後はハチドリの体のなかで永遠に生きると信じられていました。

ウィツィロポチトリ

索 引

あ

か

さ

Acknowledgements

Aberdeen University 25. AISA Media 249. akg-images 29, 189; Erich Lessing 232, 304, 319, 320. Alamy J Marshall/Tribaleye Images 352; Sherab 355. Ancient Art & Architecture Collection 297, 317, 332, 372, 377, 389. The Bridgeman Art Library Atkinson Art Gallery, Southport 295; Archives Charmet/Private Collection 235; Collection of the Earl of Leicester, Holkham Hall, Norfolk 171; The Detroit Institute of Arts, USA, Founders Society Purchase 65; Dreamtime Gallery, London © DACS London (2008) 66; Egyptian National Museum/Boltin Picture Library 308; Galleria degli Uffizi, Florence, Italy 125; Hamburger Kunsthalle, Germany 57; Kunsthaus Zurich, Switzerland 263; Nationalmuseum, Stockholm, Sweden 214; Peter Newark Western Americana/Private Collection 385; Roy Miles Fine Paintings 291; Whitford & Hughes, London 198. China Tourism Photo Library 357. Corbis Araldo de Luca 154; Blue Lantern Studio 161; Christie's Images 158; Francis G Mayer 71; Historical Picture Archive 293; Phillipe Lissac/Godong 337; Sandro Vannini 175. iStock Duncan Walker 54. Mary Evans Picture Library 19, 49, 207, 209, 282; Rue des Archives 393. National Museum of the American Indian, Smithsonian Institution 383. Rogue Guirey Simpson Estate 381. Scala Bildarchiv Preussischer Kulturbesitz, Berlin 180; CM Dixon/HIP 315; The Philadelphia Museum of Art/Art Resource 79. Susan St Thomas www.sttomasstudio.com 379. TopFoto.co.uk 95; Ancient Art & Architecture Collection 115. Werner Forman Archive British Museum 281; Christie's London 82; Museum fur Volkerkunde, Berlin 390; Private collection 61, 72, 74–5. Wikipedia 88, 101; Marie-Lan Nguyen 86.

Executive Editor Sandra Rigby
Managing Editors Clare Churly and Camilla Davis
Executive Art Editor Sally Bond
Designer Rebecca Johns at Cobalt id
Illustrators Dean Spencer, John Higgins and John Davis
Picture Researchers Roland and Sarah Smithies
Production Controller Hannah Burke

The Mythical Creatures Bible
妖怪バイブル

発　　行　2009年8月1日
発 行 者　平野　陽三
発 行 元　ガイアブックス
〒169-0074 東京都新宿区北新宿3-14-8
TEL.03(3366)1411　FAX.03(3366)3503
http://www.gaiajapan.co.jp
発 売 元　産調出版株式会社

著　者：ブレンダ・ローゼン
(Brenda Rosen)
著作家で編集者。神話や古代の文化に興味を持ち続けている。著書に「Mermaid Wisdom」「The Atlas of Lost Cities」「Crystal Basics」などがある。

翻訳者：中谷 友紀子（なかたに ゆきこ）
京都大学法学部卒業。訳書に『うまくいく室内のカラー計画』『スパイススパ百科』(いずれも産調出版)など。

Printed in China

ISBN978-4-88282-702-3 C0077